CB040968

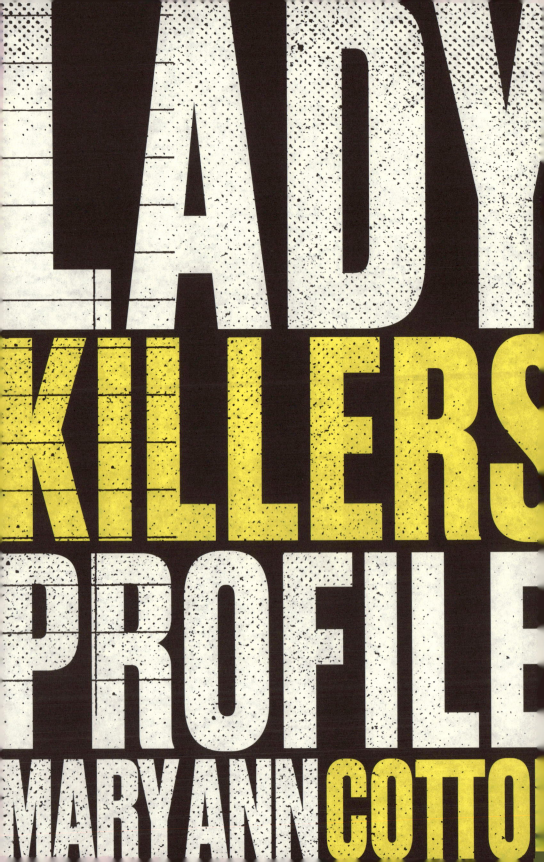

MARTIN CONNOLLY

MARY ANN COTTON

LADYKILLERS PROFILE

THE NEW TEA GOWN

NIGHT DRESS, made in Fine Longcloth, trimmed with tucked frills, edged with French Embroidery, Cream or Coloured Ribbon Bows. The latest and a very graceful style.
PRICE 21s.
A choice selection of Lingerie at all prices.

Model No. 12.
TEA GOWN of Cinnamon Brown Vigogne Cloth, with Salmon Silk Sleeves and Front, the gagings of silk in front being on elastic fit the figure perfectly.
PRICE £3 3s.
The style of this gown enables it to be worn as a dress when desired.

Model No. 13.
TEA GOWN in plum coloured plus front of soft Pink Silk, the collar, de cuff, and broad insertion on front, are Pointe de Venice Lace of rich desig Price **7 GUINEAS**; or in Cashme **5 GUINEAS.**
"A charming evening gown."—7 *Lady.*

A large variety of the latest styles of TEA and DRESSING GOWNS, ar and any Gown can be made in any of the New Shades of Colou

MEASURES REQUIRED.—For Tea or Dressing Gown. Entire len size round figure under arms, size round hips, and length from neck front, and size round hips only are needed.

A Choice Selection of Ladies' Underclothing of every description suitable
PLAIN FIGUR

Handsome Christening Robes and Cloaks, Hoods, Babies' Frocks, trimmed fine Goods sent on approval, with prices PLAINLY MAR

Detailed Price List of Trousseaux, with estimates for £15, £30, £50, and £66, &c., containing full particulars, including Trousseaux and La Westminster Bank.

ADDLEY BOURNE, LADIES' WAREHOUSE, 174,

Lady KILLERS

SWANBILL CORSETS

(REGISTERED.)

A proved Success for Embonpoint.

WHITE OR GREY

21/-

With Webbing Belt.
Special Boneing,
Adjustable Straps.

Two Lengths in Stock
For Long Waists.
For Medium Waists.

In Black for the Long Waists only,

28/6

" like magic o[n] the figure." — *Lady's Pictorial.*

Key to Swanbill Corset sent post free.

ADDLEY BOURNE,
Ladies' Warehouse,
174, SLOANE ST., LONDON.

CRIME SCENE
DARKSIDE

MARY ANN COTTON — DARK ANGEL: BRITAIN'S FIRST FEMALE SERIAL KILLER
Copyright © Martin Connolly, 2016
Todos os direitos reservados.

Ilustração de capa © Sarah Jarrett, 2023

Tradução para a língua portuguesa
© Zé Oliboni, 2023

Diretor Editorial
Christiano Menezes

Diretor Comercial
Chico de Assis

Diretor de MKT e Operações
Mike Ribera

Diretora de Estratégia Editorial
Raquel Moritz

Gerente Comercial
Fernando Madeira

Coordenadora de Supply Chain
Janaina Ferreira

Gerente de Marca
Arthur Moraes

Gerentes Editoriais
Bruno Dorigatti
Marcia Heloisa

Editores Assistentes
Jéssica Reinaldo
Paulo Raviere

Capa e Proj. Gráfico
Retina 78

Coordenador de Arte
Eldon Oliveira

Coordenador de Diagramação
Sergio Chaves

Designer Assistente
Jefferson Cortinove

Finalização
Sandro Tagliamento

Preparação
Vanessa C. Rodrigues

Revisão
Vinicius Tomazinho
Retina Conteúdo

Impressão e Acabamento
Gráfica Geográfica

DADOS INTERNACIONAIS DE CATALOGAÇÃO NA PUBLICAÇÃO (CIP)
Jéssica de Oliveira Molinari CRB-8/985

Connolly, Martin
  Lady Killer Profile: Mary Ann Cotton / Martin Connolly; tradução de Zé Oliboni. — Rio de Janeiro : DarkSide Books, 2023.
  240 p. : il, color.

ISBN: 978-65-5598-276-3
Título original: Mary Ann Cotton - Dark Angel Britain's First Female Serial Killer

1. Mulheres homicidas 2. Mulheres homicidas em série – Biografia 3. Cotton, Mary Ann, 1832-1873. 4. Crime I. Título II. Oliboni, Zé

23-2638   CDD 364.15232

Índice para catálogo sistemático:
    1. Mulheres homicidas

[2023]
Todos os direitos desta edição reservados à
DarkSide® Entretenimento LTDA.
Rua General Roca, 935/504 — Tijuca
20521-071 — Rio de Janeiro — RJ — Brasil
www.darksidebooks.com

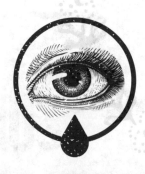

MARTIN CONNOLLY

MARY ANN COTTON KILLERS

TRADUÇÃO | ZÉ OLIBONI

DARKSIDE

SUMÁRIO

PROCESSO DE ESCRITA 15
INTRODUÇÃO 19

01. O COMEÇO 23
02. A FAMÍLIA MOWBRAY 35
03. GEORGE WARD 47
04. A FAMÍLIA ROBINSON 53
05. MESES PERDIDOS 65
06. A FAMÍLIA COTTON 69
07. MORTES AO REDOR 77
08. DIAS CONTADOS 85
09. CAMINHO ATÉ O INQUÉRITO 95
10. JULGAMENTO 141
11. A EXECUÇÃO 185
12. CARTAS NO CÁRCERE 193
13. APÓS A EXECUÇÃO 203
14. OUTRAS VIDAS 209
15. ASSASSINA? 223

FAMILIARES DE MARY ANN COTTON 230

APROFUNDANDO AS INVESTIGAÇÕES 232
KILLER ÍNDICE 234
AGRADECIMENTOS 237

MARTIN CONNOLLY

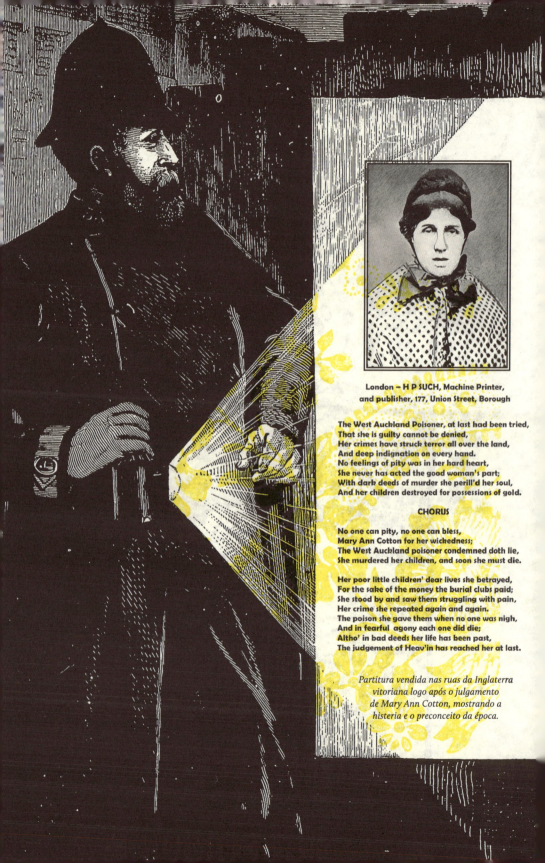

London – H P SUCH, Machine Printer,
and publisher, 177, Union Street, Borough

The West Auckland Poisoner, at last had been tried,
That she is guilty cannot be denied,
Her crimes have struck terror all over the land,
And deep indignation on every hand.
No feelings of pity was in her hard heart,
She never has acted the good woman's part;
With dark deeds of murder she perill'd her soul,
And her children destroyed for possessions of gold.

CHORUS

No one can pity, no one can bless,
Mary Ann Cotton for her wickedness;
The West Auckland poisoner condemned doth lie,
She murdered her children, and soon she must die.

Her poor little children' dear lives she betrayed,
For the sake of the money the burial clubs paid;
She stood by and saw them struggling with pain,
Her crime she repeated again and again.
The poison she gave them when no one was nigh,
And in fearful agony each one did die;
Altho' in bad deeds her life has been past,
The judgement of Heav'in has reached her at last.

Partitura vendida nas ruas da Inglaterra vitoriana logo após o julgamento de Mary Ann Cotton, mostrando a histeria e o preconceito da época.

TRIAL, SENTENCE, & CONDEMNATION
OF
MARY ANN COTTON,
THE WEST AUCKLAND SECRET POISONER,

Who is under "Sentence of Death" for the murder of Her Husband, Children
and other Persons by poison, so that she might get their Funeral Money.

. . . .

O JULGAMENTO, A SENTENÇA E A CONDENAÇÃO
DE MARY ANN COTTON,
A ENVENENADORA SECRETA DE WEST AUCKLAND,

que recebeu a "sentença de morte" pelo envenenamento do marido, dos filhos
e de outras pessoas realizado com a intenção de receber o auxílio-funeral.

For months this bad woman in a prison was hurled,
Till another poor offspring she brought in the world.
Born in a prison amidst crime and shame,
With an unfeeling mother unworthy the name.
How happy it is that seldom we hear,
Of women poisoning their children so dear;
In this world below, or the bright world above.
A heavenly gift is a true mother's love

She murdered her husbands and a lodger as well,
The numbers she poisoned no one can tell.
So anxious she was for the money they said,
That she ordered the coffins before they were dead.
The strong hand of justice compell'd her to stay,
And her crimes have been proved as clear as the day.
Now in Durham prison condemn'd she does lie,
And soon on the scaffold she will have to die.

The man or the woman who God now offends,
And by secret poison encompass their ends,
From the strong hardy man to the infant at birth,
No one is safe while they stay on the earth.
When murder is committed in a moment of rage,
We often can pity and petition to save.
But Mary Ann Cotton who in Durham doth lie,
Every-one knows she's deserving to die.

Oh what must she think as she lays in her cell,
The day and the hour of her death she can tell.
Her heart must be harder than iron or stone;
If she don't repent for the crimes she has done.
No blessing she'll have.no sympathy get,
No one will pity, none will regret;
It is only justice most people will cry,
When Mary Ann Cotton shall stand up to die.

Melodia: Driven From Home

A envenenadora de West Auckland, enfim foi julgada,
Ninguém vai negar que ela é culpada,
Os crimes dela espalharam terror por todo lado,
O que deixou o povo profundamente indignado.
Nenhum remorso no coração de pedra dela,
Ela nunca fingiu ser uma inocente donzela;
A sombra do homicídio na sua alma é mau agouro,
E os filhos dela foram destruídos por posses em ouro.

Refrão

Ninguém pode tolerar, ninguém pode ter piedade,
De Mary Ann Cotton por sua crueldade;
A envenenadora de West Auckland foi condenada,
Matou os filhos e, por isso, vai ser executada.
Traiu a vida inocente dos filhos, coisa sem igual,
Só para receber o dinheiro do auxílio-funeral;
Ficou lá e viu se debaterem em sofrimento,
E repetiu várias vezes o mesmo tormento.
Deu veneno quando ninguém estava por perto,
E que a agonia da morte foi terrível, isso é certo;
Mesmo que a vida dela tenha sido só maldade,
A justiça, por fim, a fez encarar a verdade.

TRIAL, SENTENCE, & CONDEMNATION OF
MARY ANN COTTON,
THE WEST AUCKLAND SECRET POISONER,

Who is under "Sentence of Death" for the murder of Her Husband, Children and other Persons by poison, so that she might get their Funeral Money.

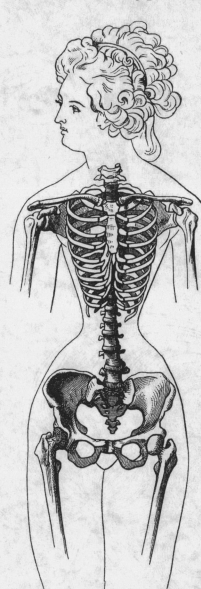

Essa mulher cruel passou meses trancada,
Até que parisse uma nova cria desafortunada.
Nascida na prisão no meio do crime e da vergonha,
Com uma mãe sem sentimentos e indigna da alcunha.
Quão felizes somos por serem raros os ocorridos
De uma mulher que envenena os filhos queridos;
Esse é o mundo inferior, ou o céu brilhante.
Um presente divino é o amor da mãe exultante.

Ela matou os maridos e um inquilino também,
Quantos ela envenenou não está claro para ninguém.
Dizem que estava tão ansiosa pelo dinheiro,
Que comprou os caixões primeiro.
A mão firme da justiça a manteve cercada,
E a maldade dela foi mais do que provada.
Foi para a prisão Durham com os condenados,
E logo mais morrerá com os enforcados.
A pessoa com quem Deus perde o tino,
E, com veneno secreto, estabelece o destino,
Do homem-feito forte à criança no nascimento,
Ninguém está seguro se está no firmamento.
Quando o assassinato acontece na emoção,
Até podemos ter pena e suplicar pela salvação.
Mas Mary Ann Cotton foi para a prisão,
Todos sabem que ela merece a danação.

Ó, o que ela deve pensar na cela,
Sabe bem a hora da morte dela.
O coração mais duro do que pedra ou aço;
Se ela não se arrepende dos crimes no regaço.
Não vai ter benção ou simpatia alguma,
Ninguém terá pena, nem nada, em suma;
É só justiça, vai ser o brado de toda a gente,
E Mary Ann Cotton enforcada, inclemente.

Londres — H P SUCH, Gráfica e Editora,
rua Union, 177, Borough

DARK ANGEL

PROCESSO DE ESCRITA

Nos anos em que trabalhei na subagência dos correios de West Auckland, recebi muitos visitantes curiosos sobre a história e o povo do vilarejo. Como resposta, escrevi o livreto *The Potted History of West Auckland* [A história concisa de West Auckland]. O texto foi bem recebido, e, como consequência, muitos leitores pediram que me aprofundasse em um tópico: Mary Ann Cotton. A última casa em que ela morou fica na diagonal oposta ao escritório, do outro lado de uma grande área verde. Sempre olho para a casa e penso nos pedidos para escrever algo sobre aquela mulher. Ao longo dos anos, em minhas diversas carreiras, pesquisei sobre muitos assuntos, então decidi analisar se havia algo que merecesse ser aprofundado no caso de Mary Ann Cotton. Para *The Potted History*, me vali apenas de pesquisas na internet e não fiz mais que reproduzir fatos básicos e alguns mitos conhecidos. Desta vez, decidi ignorar os relatos mais recentes da internet e me voltei para a época de Mary Ann Cotton para analisar as fontes primárias dos eventos. Os registros do Arquivo Nacional e do Departamento de Registros de Durham foram ótimas fontes de pesquisa. As bibliotecas de Durham e Sunderland revelaram um material excelente. Li, acredito, todas as matérias sobre a vida de Mary Ann, em jornais de todo o Reino Unido, até os de Guernsey. Descobri que seu caso ficou famoso na época.

> **[...] as pessoas que conviveram com Mary Ann também tiveram uma história e merecem que suas vozes sejam ouvidas.**

De certa forma, comecei a "viver" nos anos 1800 com Mary Ann e aqueles que a rodeavam. Percebi que ela era o centro de tudo, todo o foco estava nela. O que é compreensível, é claro, mas as pessoas que conviveram com Mary Ann também tiveram uma história e merecem que suas vozes sejam ouvidas. Foi isso que me guiou para tentar garantir que também tivessem o máximo de destaque possível no que eu decidisse produzir. Quando reuni todo o material e todas as minhas anotações, passei a procurar os livros recomendados sobre essa personagem. Entre eles, dois se destacaram: *Mary Ann Cotton — Her Story and Trial* [Mary Ann Cotton: história e julgamento], de Arthur Appleton, e *Mary Ann Cotton Dead, But Not Forgotten* [Mary Ann Cotton: morta, mas não esquecida], de Tony Whitehead. O relato de Arthur tem alguns erros factuais e cronológicos, mas é uma leitura interessante. Mas foi o livro de Tony Whitehead que me fez ter desejado começar minhas pesquisas por essa leitura. Nele, o autor reuniu uma quantidade considerável de reproduções de registros de nascimento, batismo e óbito. Isso teria me poupado muito tempo, energia e dinheiro. Contudo, de certa forma, também fiquei feliz de ter trabalhado do meu jeito, porque usei o livro de Tony Whitehead para confirmar várias descobertas e detalhes. Também me ajudou a abandonar algumas ideias e a expandir outras. Como resultado dessas leituras, decidi que a história precisava de atenção e de uma abordagem neutra. Também queria me aprofundar nos elementos envolvendo as pessoas próximas de Mary Ann e esperava oferecer um comentário atualizado sobre o caso.

A última etapa de minha pesquisa foi viajar pelos locais em que Mary Ann Cotton passou, tentando ignorar o verniz moderno e ter um vislumbre de como ela e seus contemporâneos viveram. Seaham, Pallion, Bishopwearmouth, South Hetton e outros vilarejos carvoeiros no entorno me deram a noção do mundo restrito que ela habitou. Em alguns lugares, ainda é possível encontrar relíquias da época, o que nos dá uma noção da severidade e das dificuldades da vida dela. Ver como Newcastle se contrasta com o minúsculo vilarejo carvoeiro de Easington Lane, por exemplo, foi útil para explorar a mente de Mary Ann, a garota de aldeiazinha que se deslumbrou com a cidade grande. Foi uma experiência válida para me aventurar pelos cemitérios e pelas igrejas que aparecem na história e imaginar as cenas de várias vidas que se encerraram e cujos corpos foram enterrados naqueles locais.

Por conhecer muito bem meu próprio vilarejozinho, em diversos aspectos, me fez imaginar com muita clareza o ambiente onde Mary Ann Cotton foi desmascarada pela primeira vez. Estar no cemitério da paróquia da igreja de St. Helen Auckland sabendo que o lugar foi revirado quase que por completo em busca de provas me deu uma ideia do peso dramático dos eventos no final do século XIX.

O primeiro trabalho foi acrescentar material novo para aumentar o interesse pela história. Dessa forma, relato aqui o meu entendimento do caso e espero ajudar a dar uma ideia sobre a mentalidade de Mary Ann Cotton e daqueles que conviveram com ela e, talvez, até contestar os mitos que a envolvem.

Gostaria, também, de agradecer às equipes do Arquivo Nacional e do Departamento de Registros de Durham, que foram fantásticas com sua ajuda, dedicação e conselhos. Agradeço a minha família, em especial minha esposa, Kitty, e minha filha, Esther, que se envolveram muito para ajudar na pesquisa, e Angela, minha enteada, por ouvir minhas ideias e oferecer suas críticas.

DARK ANGEL

INTRODUÇÃO

A versão moderna de Bondgate, em Bishop Auckland — já há muito tempo sem os prédios antigos da delegacia e do tribunal —, e seus transeuntes, crianças a caminho da escola, comerciantes e mães arrastando filhos teimosos, é um cenário bem diferente daquele de agosto de 1872. Aqui, nesta rua, Mary Ann Cotton foi trazida para passar alguns dias na cela espartana da delegacia. Naqueles dias, o lugar era sombrio e deprimente. A cama em que Mary Ann se deitou era dura e dispunha apenas de uma manta de lã, que servia tanto de colchão quanto de lençol. Quarta-feira, 21 de agosto de 1872, seria um dia decisivo para Mary Ann. Ela subiria as escadas para encarar dois juízes. Um deles era o reverendo James W. Hick, pároco da paróquia de Byers Green. Ele vivia com a esposa, Jane, e a família. O outro era o dr. John Jobson, cirurgião que morava próximo ao tribunal, na Market

Square, com a esposa, Mary. Ele era colega e convivia com o dr. Kilburn, do vilarejo vizinho, West Auckland, que também integraria o julgamento de Mary Ann.

Podemos, então, refazer o longo trajeto por Newgate, hoje uma rua estreita cheia de lojas e escritórios. Foi por essa rua que Mary Ann foi levada por dois policiais depois da audiência. As pessoas que acompanharam o julgamento foram à frente, espalhando as notícias do resultado do caso. As mães seguraram as crianças com força, porque, àquela altura, a má reputação de Mary Ann era usada para assustar os pirralhos. E assim chegamos à estação ferroviária de Bishop Auckland e percebemos que mudou muito desde o apogeu, quando a malha de quatro vias férreas ainda estava ativa. Hoje, uma única via atende os trens locais. O local está cercado por comércios e bancos. É difícil voltar a 1872 e imaginar a multidão que se aglomerou para ter um vislumbre da "Bórgia de West Auckland", como Mary foi chamada pelos jornais. Eles assobiavam e zombavam da mulher que ia para o julgamento em Durham, mas que já fora condenada pelo tribunal da opinião pública.

Passemos, então, à história dessa mulher, em uma trama centrada nas minas de carvão do condado de Durham.

MARTIN CONNOLLY

MARY ANN
COTTON
LADYKILLERSPROFILE

01
CAPITULUM

DARK ANGEL

O COMEÇO

O condado de Durham fica na região nordeste da Inglaterra, área tradicionalmente dominada por cavaleiros-bispos e minas de carvão. Defendendo bravamente sua independência, o povo de Durham não sucumbiu ao controle imposto pelo condado de Northumberland. Em 1293, esnobaram as decisões judiciais daquela região e apelaram ao Parlamento pedindo a separação. Esse espírito obstinado e independente gerou pessoas severas e habilidosas, para as quais violência e morte eram familiares. E personalidade forte é uma característica que passou a ser cada vez mais necessária com a descoberta do carvão e à medida que as minas se espalharam por todo o território. Com elas vieram o perigo, os problemas de saúde e a pobreza, tudo acompanhado do contraste entre o cristianismo fervoroso e o alcoolismo grave. Foi ali que muitos homens tentaram criar suas famílias em condições duras, em constante conflito com os proprietários das minas em busca de pagamentos justos e melhores condições trabalho. A prática comum de ficar atrelado a um proprietário por um ano em troca de um salário miserável era fonte de raiva e frustrações profundas, que muitas vezes eclodia em violência. E, não raro, policiais e soldados eram chamados para restabelecer a paz.

Uma típica matéria do jornal local, publicada em 1831, demonstra as tensões envolvidas. De fato, em 1832, uma das maiores greves da história do nordeste inglês causou ruptura e foi motivo de preocupações profundas.

O carvoeiro de Tyne and Wear

Estamos aliviados em saber que todas as minas da empresa Lambton Colliery, bem como as de propriedade do Marquês de Londonderry, retomaram, por fim, as atividades, com os carvoeiros sendo obrigados a trabalhar, é claro. Em outras minas, contudo, as discordâncias entre os proprietários e os trabalhadores permanecem sem solução e com poucas esperanças de um acordo imediato, uma vez que a conduta dos mineiros, considerando seu caráter inconstante e irracional, impôs barreira intransponível a um acordo satisfatório.

Quando uma reivindicação é atendida, outra se inicia, e assim seguem sem perspectiva de final. Enquanto isso, o sistema de mendicância, intimidação e violência, que tantas vezes tivemos oportunidade de condenar, continua a ser praticado com todas suas táticas terroristas, causando consequências muito prejudiciais, tanto para os próprios homens equivocados quanto para a população, de maneira que consideramos justo solicitar à magistratura a repressão por meio do exercício dos amplos poderes de que lhe são investidos. Os proprietários das minas, a fim de prover moradias para os operários dispostos a servi-los, começam a usar a força para expulsar os carvoeiros refratários de suas casas e não poupam vigor e determinação ao se manifestarem pela preservação da paz e a restauração da ordem. Na quinta-feira, seis homens foram levados para a prisão para serem julgados sob a acusação de tumulto em Lambton. Outros dez foram condenados a três meses de trabalhos forçados por ameaça a trabalhadores contratados por lorde Durham e por impedi-los de trabalhar. Os homens foram conduzidos à prisão por um grupo de soldados. No início da semana, um impressionante tumulto ocorreu em Hetton, quando o sr. Wood, tesoureiro da mina, foi agredido tentando proteger um homem que estava prestes a ser despido e espancado pela multidão. Os militares, pelo que supomos, precisaram ser chamados para resolver o tumulto, e foi apenas com o auxílio de um grupo de soldados que os dois líderes do grupo puderam ser levados em custódia.

Durham Chronicle

O caso apareceu em uma carta para o *The Times*:

Durham, 24 de abril, 21 horas: anseio informar que um assassinato deliberado e maldoso foi cometido em Hetton, na noite do sábado passado, por um dos homens sem contrato que, em uma emboscada vil, disparou contra um trabalhador contratado. Fico feliz em dizer que temos pistas dos criminosos que praticaram esse ato horrível e não restam dúvidas de que conseguiremos indiciar as pessoas certas. Há vários envolvidos. Dez homens foram levados para o cárcere na noite passada para averiguação. O governador esteve em Hetton hoje com um deles e retornará amanhã, escoltado por soldados. Os procedimentos do legista ainda estão em curso e serão suspensos durante a noite. Magistrados, militares, o comitê, a polícia de Londres entre outros permanecem dia e noite em Hetton. Evidentemente, nenhum trabalho está sendo realizado nas minas, mas medidas foram tomadas para garantir a chegada de uma boa quantidade de trabalhadores das minas de chumbo e espero que não demore muito até conseguirmos retomar os trabalhos. Expulsamos várias famílias, e esse expediente desagradável, embora necessário, continuará progressivamente. Apesar de todas as desavenças, Hetton e seus arredores parecem estar em uma calmaria completa. O fato é que os mineiros estão intimidados por uma força superior, em caso contrário, sem dúvida, estariam promovendo um motim e organizando uma ampla rebelião. Eles até se submeteram à expulsão e colocaram suas posses na rua, sem emitir nenhuma reclamação. Na verdade, muitos consideraram aquilo uma espécie de triunfo.

Tanto o artigo quanto a carta evidenciam a brutalidade sob a qual os mineiros trabalhavam. Os empregados e suas famílias estavam à mercê de homens que desejavam fazer fortunas com carvão. É difícil para nossa concepção moderna imaginar as condições da mineração naquela época. Os salários eram baixos. Os homens precisavam tirar da própria renda miserável o dinheiro para comprar alguns itens necessários para o trabalho. A saúde e a segurança nunca eram levadas em consideração em nenhum nível. O ar era tóxico, o risco de inundação e explosão e o medo do colapso faziam parte da rotina de um carvoeiro. Esse era o pano de fundo da vida de Mary Ann Cotton, que ficou conhecida como a Envenenadora de West Auckland.

Foi em 1812, durante o reinado de Jorge III, lendário por sua loucura. Os Estados Unidos da América declararam guerra contra a Inglaterra, e Napoleão invadiu a Rússia. John Bellingham assassinou o primeiro-ministro, Spencer Perceval, na entrada do Parlamento em Londres. No norte da Inglaterra, em Jarrow, a explosão em uma mina da empresa Felling matou 96 trabalhadores. Foi nesse mundo que Michael Robson nasceu em South Hetton, uma vila que cresceu ao redor da indústria da mineração. Minas foram montadas lá, em Haswell, Murton e Easington, entre outras. Uma linha férrea foi construída ligando a região ao porto Seaham, em 1833. A mineração era tudo para a região. Constituía, de fato, o elemento central da vida da população. Michael Robson nasceu em uma família de carvoeiros.

Michael foi batizado na igreja de St. Michael and All Angels em 27 de setembro de 1812. No ano seguinte, nascia Margaret Lonsdale, no vilarejo de Tanfield, condado de Durham. Margaret foi batizada na igreja de St. Margaret em 25 de julho de 1813. Ambos se tornariam notórios para todo o sempre por terem gerado Mary Ann Cotton.

De volta a Durham, em 1832 a epidemia de cólera estava descontrolada, e muita gente morreu da doença, que assolou o distrito de South Hetton. No nordeste da Inglaterra, 31 mil pessoas padeceram de cólera só naquele ano. A vida era miserável; o trabalho, perigoso; e o inverno, severo, carregado de muita neve e gelo. A morte tanto de adultos quanto de crianças era corriqueira, e uma febre tifoide ocultava com facilidade os efeitos de envenenamento, criando uma cortina de fumaça para as muitas mortes que acompanhariam Mary Ann Cotton.

Michael Robson, que acabara de completar 20 anos, buscou conforto nos braços de Margaret Lonsdale, de 19 anos, para suportar os rigores da rotina. Os dois se deixaram levar pela paixão, e o conforto que Margaret provia tornou urgente a necessidade de se casarem. Margaret anunciou para Michael a notícia de que estava esperando um filho. Ele recebeu a notícia com indiferença. Apesar da situação, ambos tinham uma formação metodista e viviam sob a ética rígida de trabalho que a fé deles exigia, e aceitavam o que quer que Deus colocasse em seu caminho. Pode ser que, na prática, tenham visto a gravidez como a forma de Deus os forçar a terem um relacionamento "decente". Assim, se casaram em julho de 1832.

A prática comum de ficar atrelado a um proprietário por um ano em troca de um salário miserável era fonte de raiva e frustrações profundas, que muitas vezes eclodia em violência.

Em 31 de outubro daquele ano, Margaret deu à luz uma garotinha que, como manda a tradição, foi levada para ser batizada na igreja St. Mary, em West Rainton, em 11 de novembro de 1832.

Quando o reverendo Tiffin, o clérigo local, entoou a benção tradicional e derramou água na cabeça do bebê, ele disse o nome que os pais escolheram para a primogênita: Mary Ann.

Assim, Mary Ann Robson foi recebida oficialmente pela comunidade cristã. Ela cresceria dentro da fé metodista, instruída principalmente pela mãe, mas o pai também insistia que se seguissem, de forma rígida, as regras e os ritos associados à religião. Na época do julgamento dela, um pastor da igreja Batista Wesleyana que a conhecia fez este relato ao *Northern Echo*:

O sr. Holdforth, que agora é líder na comunidade Wesleyana em West Hartlepool, conheceu a condenada há mais de trinta anos, quando, como a descreve, ela era uma frequentadora das mais exemplares e regulares da escola dominical Wesleyana na vila de Murton, na qual, em certas ocasiões, fazia as vezes de superintendente. Naquela época, ao que parece, era considerada uma garota de temperamento inocente e inteligência mediana. Michael Robson, o pai, escavador na mineradora Murton, era muito respeitado pela vizinhança e viu que a filha recebia a melhor educação possível na escola da vila. Tal era seu comportamento que logo conseguiu ganhar a confiança de todos que a conheciam e se destacava por sua aparência bem asseada e ordeira.

O testemunho contrasta muito com a reputação atual de Mary Ann Cotton. Nesse ponto da vida, vemos uma jovem inteligente, bem-apessoada e respeitada pelas demais pessoas.

No vilarejo de Murton, Mary Ann cresceu na comunidade metodista local e, no começo da adolescência, assumiu o papel de professora na escola dominical, cuidando dos filhos mais novos dos pais metodistas. Como percebemos pelo relato do sr. Holdforth, ninguém naquela época seria capaz de imaginar o futuro daquela moça de lindos cabelos pretos.

Enquanto isso, Michael Robson sobrevivia das minas de carvão, onde exercia a função perigosa de aprofundar os fossos das minas que eram descobertas. A família Robson se mudou para East Rainton onde Michael conseguiu trabalho na Hazard Pit.* Margaret engravidou de novo, e, em 28 de julho de 1834, outra menina nasceu e recebeu o mesmo nome que a mãe. A jovem Margaret viveu apenas alguns meses e morreu em decorrência de uma das muitas doenças que afligiam os mais pobres. A família se mudou para perto da mina North Hetton e, depois, mudou de novo para a mina de East Murton, em 1835. Foi naquele ano que a esposa anunciou que estava esperando outro bebê. Mary Ann, então com três anos, tornou-se irmã do recém-nascido Robert, que veio ao mundo em 5 de outubro de 1835. A partir de então, ela precisaria aprender a dividir os recursos minguados daquela família pobre. Talvez a semente do desejo por uma boa vida, com dinheiro

---

* A expressão *Hazard Pit*, que em tradução literal significa "mina perigosa", consta nos registros de Durham como apelido da empresa North Hetton Colliery. [Nota da tradução, daqui em diante NT.]

e posses, tenha sido cultivada nesse cenário de pobreza e dificuldades. Seriam seus vestidos remendados que teriam despertado na jovem Mary Ann o desejo por roupas caras na vida adulta?

O censo de 1841 também mostra a pequena família Robson, incluindo Robert, de 5 anos, vivendo em Durham Place em Murton.

Na época do censo de 1841, Mary Ann tinha 8 anos, e o pai, Michael, ainda trabalhava na atividade arriscada de aprofundar as minas de Murton para a empresa South Hetton Coal Company. O sr. Potter, inspetor da companhia, se orgulhava do sucesso do aprofundamento das minas.

O ar era tóxico, o risco de inundação e explosão e o medo do colapso faziam parte da rotina de um carvoeiro. Esse era o pano de fundo da vida de Mary Ann Cotton, que ficou conhecida como a Envenenadora de West Auckland.

O seguinte relato foi publicado no *Newcastle Journal*:

> **A mina de carvão de South Hetton:** A empresa South Hetton Coal Company (Col. Bradyll and partners) superou todas as adversidades e teve sucesso ao perfurar a areia em nova conquista significativa na mineração em Murton, próximo a Dalton-le-Dale. Esse grande feito do mundo da mineração foi finalizado na quinta-feira, quando uma alegria imensa se espalhou entre os trabalhadores. Graças ao esforço e ao zelo deles, guiados pela habilidade e tenacidade do sr. Potter, o inspetor e engenheiro, que essa realização foi possível.

O relato aponta para o perigo da escavação das minas em um terreno difícil, de areias movediças. De fato, tal sucesso, como era frequente nas minas de carvão daquela época, ocorria em troca da vida de vários trabalhadores. Seis meses depois da reportagem sobre a escavação bem-sucedida em Murton, o pai de Mary Ann pagaria o preço por esse evento tão alardeado. Ele estivera entre aqueles que comemoraram, e foram o esforço e o zelo de homens como ele que trouxeram o sucesso para a empresa. Contudo, em fevereiro de 1842, então com 26 anos, Michael Robson estava de novo trabalhando em uma escavação para a Murton Colliery. Não era uma mina profunda, pouco mais de noventa metros. Sem dúvida, as condições da areia não ajudavam, mas, seja qual for a causa, Michael Robson encontrou a morte ao cair e ser esmagado quando a mina colapsou. O corpo destroçado dele foi arrastado para fora da mina e envolto em um saco em que se lia: "Propriedade da South Hetton Coal Company". O corpo foi entregue para a viúva enlutada, Margaret, em um carrinho pequeno de transporte de carvão.

Mal podemos imaginar a cena do momento em que Mary Ann, abraçada ao irmão mais novo, ficou ao lado da mãe. Tomada pela tristeza, Margaret foi deixada com o corpo do marido. Sua morte não significava apenas a perda do marido amado, mas, também, da renda e da moradia. O difícil trabalho de Michael e seu salário miserável chegaram ao fim quando, vergonhosamente, seu corpo foi levado para casa como um saco de carvão. Era mais uma das muitas vidas que teriam o mesmo destino. Esse era o fardo de um pai trabalhador da mineração. O corpo de Michael foi enterrado em West Rainton.

E, para piorar a tragédia, a morte do carvoeiro que morava em uma casa da empresa significava que a viúva e as crianças seriam despejadas. Contudo, Margaret, uma verdadeira sobrevivente, se casou de novo em menos de um ano com George Stott, outro operário das minas. Ele nasceu em Gateshead em 1816. George também era um metodista devoto e criou as crianças como se fossem suas. Mary Ann, que tinha acabado de perder o pai, não conseguiu aceitar muito bem a chegada de George na família.

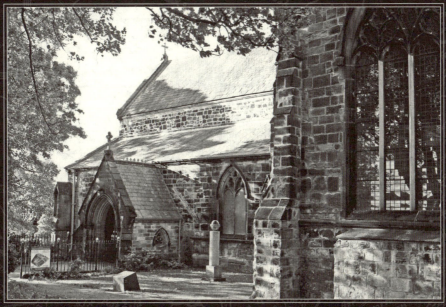

Fotografia atual da igreja St. Michael and All Angels.

Registro de nascimento e de batismo de Mary Ann Robson.

Censo de 1841, Michael Robson e família, mencionado na página 29.
Monumento em homenagem à mina de South Hetton.

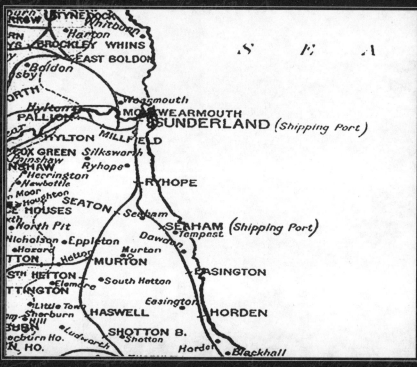

Os vilarejos ao redor de South Hetton.

MARTIN CONNOLLY

MARY ANN
COTTON
LADYKILLERSPROFILE

02
CAPITULUM

DARK ANGEL

A FAMÍLIA MOWBRAY

Acredita-se que Mary Ann recebera uma educação de metodista devota tanto pelo próprio pai quanto por George Stott. Além disso, suas ligações com a comunidade e a função de professora da escola dominical devem ter lhe dado alguma noção de certo ou errado. E, com essa formação e sob a tutela de um padrasto rígido, não é de se admirar que, aos 16 anos, quando teve oportunidade, Mary Ann saiu de casa. Seu primeiro trabalho foi de ajudante de babá para Edward Potter, engenheiro e inspetor das minas de South Hetton, que já apareceu na reportagem do jornal local que vimos anteriormente. É provável que Potter tenha se compadecido de Mary Ann por se sentir em parte responsável pela morte do pai dela. Os Potter viviam bem na mansão South Hetton House e contavam com vários funcionários. Em 1841, havia cinco crianças e seis empregados domésticos morando com

Edward Potter e sua esposa, Margaret. Trocar um casebre de carvoeiros por uma casa tão grande ampliou os horizontes de Mary Ann. Ali ela viu o que o dinheiro poderia comprar. Mary Ann, muito esperta, conseguiu entender que o sucesso dos Potter foi construído nas costas dos operários que suaram e morreram nas minas. Entretanto, aquele estilo de vida era ao que Mary Ann aspiraria, e sua jornada a partir dali passou a ser encontrar um marido que lhe proporcionasse o que ela desejava.

Jornais locais, como o *Northern Echo*, sugerem que Margaret Cotton tempos mais tarde também tenha trabalhado na mansão, já que era lavadeira. Mary Ann foi contratada para cuidar da família numerosa dos Potter, e, por ser muito nova, a experiência deve ter sido desafiadora. Com base nos relatos dos jornais na época do julgamento, Mary Ann era uma funcionária exemplar, e a esposa de Potter não tinha queixas a seu respeito. Não há indícios de que tenha causado qualquer mal para as crianças ou demais moradores da mansão. Ao que tudo indica, os filhos dos Potter foram aos poucos sendo enviados a diversos internatos do distrito de Darlington, de modo que Mary Ann perdeu a função na mansão e retornou para a casa do padrasto. Segundo o censo de 1851, Margaret, George, Mary Ann e Robert viviam em uma das casas da empresa Murton Colliery. Mary Ann, a essa altura, estava com 18 anos.

Relatos da época do julgamento de Mary Ann atestam que quatro ou cinco crianças nasceram e morreram no período em que os Mowbray estiveram longe do norte.

Dadas as miseráveis condições da época, Mary Ann logo precisou encontrar outro emprego, dessa vez como aprendiz de costureira, trabalho que a ajudaria a criar as roupas bonitas que desejava. Foi nessa época, no entanto, que ela começou a demonstrar uma característica que seria marcante no decorrer de sua vida. Apesar de nunca ter sido descrita como bonita, tinha uma "aparência agradável" ou "interessante" e estava claro que conseguiria atrair interessados em se casar com ela. Tanto é que William Mowbray, de 26 anos, caiu em seus feitiços. Mowbray era natural de Shotley, Northumberland. Há relatos de que ele tenha vindo do norte da Inglaterra, de Peterborough, cidade-catedral de Cambridgeshire. Contudo, o censo de 1861 sugere que ele tenha nascido em Shotley. O que sabemos é que, quando adolescente, exercia trabalhos braçais na construção civil na região de Shotley. Viajava para onde houvesse trabalho e se oferecia para ajudar construtores de todos os lugares, de modo que é possível que tenha passado algum tempo em Peterborough. E, sabemos também, que Mary Ann usou seus poderes de sedução para se aproveitar dele, e supõe-se que ela tenha engravidado de William. Jornais locais relatam que ele se viu no altar da igreja St. Andrews, em Newcastle, onde se tornou esposo da jovem Mary Ann em 18 de julho de 1852. Contudo, os registros do cartório de Newcastle mostram que, na verdade, eles se casaram lá. É possível que tenha havido apenas uma espécie de "bênção" na igreja, o que era bastante comum em casamentos considerados irregulares. Sendo esse o caso, não haveria registros do evento. A indicação de um casamento fora da igreja, para uma metodista como Mary Ann, confirmaria que foi um enlace às pressas para legitimar a gravidez. O casamento também revela que Mary Ann estava disposta a distorcer os fatos por ter se declarado com 21 anos, quando, na verdade, tinha 19, na época considerada abaixo da maioridade.

Sobre os fatos seguintes, há muita especulação. Segundo atestam as provas, William era um homem decente que trabalhava com empenho pela família. O que se sabe é que William e Mary Ann se mudaram quase de imediato de South Hetton. A teoria mais aceita é que foram direto para o sul da Inglaterra. Naquela época, por causa da formação metodista de Mary Ann, não seria de se estranhar que o casal preferisse sair da região. William tinha passado um bom tempo por lá e seria natural que seguisse para uma região mais conhecida. Assim, passaram os anos seguintes no sul, especialmente na região de Plymouth ou Southampton. Relatos da época do julgamento de Mary Ann atestam que quatro ou cinco crianças nasceram e morreram no período em que os Mowbray estiveram longe do norte. Seria uma suposição razoável dizer que todas as mortes talvez fossem decorrentes de febre tifoide ou de uma das muitas doenças infantis que eram frequentes na Inglaterra vitoriana.

As pesquisas nos arquivos da Inglaterra em busca de provas de registros de nascimentos feitos pelos Mowbray entre 1852 e 1856, em um total de cerca de 150 registros examinados, não revelaram qualquer informação. É bem possível que o casal tenha vivido como nômade por um tempo e não tenha registrado os nascimentos nem os óbitos. Naquela época, isso não era tão regulamentado. O que sabemos com certeza é que Mary Ann engravidou por volta de setembro de 1855, e o casal mudou-se para St. Germans, em Cornwall, onde William conseguiu um emprego na ferrovia como estoquista. Em 23 de junho de 1856, Mary Ann deu à luz uma menina que foi chamada de Margaret Jane.

Logo depois do nascimento, houve uma melhora no relacionamento entre os Mowbray e os Stott. A mãe de Mary Ann visitou a família em St. Germans, e, como consequência, o jovem casal voltou a morar no nordeste da Inglaterra. William e Mary Ann foram para a mina de Murton, onde William arranjou outro emprego como estoquista. A pequena Margaret Jane, nascida em St. Germans, foi levada para St. Andrews em Dalton-Le-Dale, em 5 de abril de 1857, onde foi apresentada para a comunidade pelo reverendo J. H. Brown. William deixou a função de estoquista e, a partir de 1858, passou a trabalhar em navios, em Sunderland, como foguista. O fato de William estar ocupado no mar não impediu Mary Ann de engravidar no começo de 1858, e, em dezembro daquele ano, outra filha, Isabella Jane, entrou para a família.

Ela foi batizada em Holy Trinity, em 19 de dezembro de 1859, cuja cerimônia foi conduzida pelo reverendo Lazenby.

Infelizmente, Margaret Jane morreu em junho de 1860, aos 4 anos. Houve muita confusão sobre o caso na época do julgamento de Mary Ann.

O nome Mary Ann Mowbray é citado com frequência, devido a um erro nos registros de óbitos da paróquia. Ao que tudo indica, o responsável pelos registos inseriu o nome da mãe na coluna do nome da falecida.

Há, no entanto, registros de que, em junho de 1861, William Mowbray morava em um bar em South Hetton, com Mary Ann e Isabella.

Os Stott também viviam lá. Não é possível identificar o bar, uma vez que havia diversos estabelecimentos do gênero em South Hetton na época.

O navio *The Newburn* foi construído por James Laing para a Fenwick and Sons. A embarcação era movida a vapor e foi encomendada em 9 de março de 1861. A capitania do barco foi dada ao mestre John Hubbard, originalmente de Barking, Essex. Algumas décadas antes, em março de 1839, John Hubbard se casara com Jane Lonsdale, tia de Mary Ann, e viveram na rua Lawrence, em Sunderland. Ao que tudo indica, William Mowbray foi um dos membros originais da tripulação do *The Newburn*, graças ao tio de Mary Ann, John Hubbard. O censo de 1861 (página 42) confirma a profissão de William Mowbray como foguista.

O censo de 1861 também nos auxilia a rastrear Mary Ann, que estava grávida de novo. Em 2 de outubro de 1861, outra filha nasceu, e a recém-nascida Margaret Jane Mowbray foi batizada na igreja Holy Trinity pelo reverendo Lazenby, em 1º de dezembro de 1861.

Nessa época, William tinha deixado a vida de marinheiro e trabalhava como encarregado na mina local. A família mudou-se para Hendon, em Sunderland, em 1863. Mary estava esperando outro filho e, em novembro de 1863, deu à luz um menino, batizado como John Robert na igreja Holy Trinity pelo reverendo Robert Waters.

O pobrezinho não durou muito. Morreu de "febre tifoide" em setembro de 1864. Equivocadamente, foi registrado na certidão de óbito como John Robert William.

Na época do julgamento de Mary Ann, a imprensa levantou suspeitas de que havia algo errado na morte do garoto, sobretudo quando a relacionavam com a morte do marido de Mary Ann, William, aos 39 anos. Contudo, existe uma declaração do sr. Gammage, o médico que acompanhou a doença de William, afirmando que a morte foi por causas naturais, decorrente da febre tifoide.

> Em 22 de setembro de 1864, um filho, chamado John Robert William, com quase um ano de idade, morreu, e, em 2 de maio de 1865, uma filha, chamada Mary Jane, morreu. Ambos foram atendidos pelo dr. Gammage, cirurgião de Sunderland, que atestou terem morrido de febre tifoide. O falecido William Mowbray e sua família estavam cobertos pelo seguro da British and Prudential Insurance Office, e, pela morte do marido, a prisioneira recebeu £35, além de quantias menores pela morte das crianças [...]

Este trecho foi retirado de uma notícia da *Pall Mall Gazette*, escrita na época do julgamento da Mary Ann. Indiretamente, ela insinua que as mortes dos Mowbray estão ligadas às indenizações da seguradora. O repórter interpretou equivocadamente alguns fatos e se juntou à histeria coletiva que marcou o julgamento, que ligava todas as mortes de pessoas relacionadas a Mary Ann a um ato criminoso, sem qualquer base factual. Outros jornais seguiram a mesma linha e noticiaram que o falecido William Mowbray, trabalhador dedicado que aparentava ter boa saúde, estava de repouso em casa por conta de uma dor no pé. Então, em um sábado à noite, repentinamente teve uma severa diarreia e febre alta, para finalmente no domingo, 15 de janeiro, ser encontrado morto. Talvez não passe de sensacionalismo, uma vez que a causa da morte de William foi atestada como febre tifoide. Ele foi enterrado na igreja Holy Trinity, South Hetton, em 18 de janeiro de 1865. O registro de óbito está errado, uma vez que William tinha apenas 39 anos quando faleceu.

Os sintomas dessa doença são bem diferentes dos de envenenamento, sobretudo do envenenamento por arsênico. A febre tifoide causa dores abdominais, dor nas costas, diarreia, brotoejas vermelhas, febre muito alta, tosse seca, dor de cabeça, nas articulações e músculos, náuseas e vômitos. O envenenamento por arsênico envolve sonolência, dores de cabeça, tontura, uma diarreia terrível, convulsões, vômitos e sangue na urina. Embora os sintomas dessas doenças coincidam em alguns pontos, uma das principais características da febre tifoide é a erupção cutânea, e, portanto, seria difícil, embora não impossível, que um médico chegasse a um diagnóstico incorreto.

É verdade que Mary Ann recebeu 35 libras da Prudential Insurance pela morte de William, além de outras quantias menores pela morte das crianças. Em valores atualizados, ela teria recebido o equivalente a 1.700 libras.* Na sequência, Mary Ann mudou-se para Seaham Harbour e conseguiu uma casa em North Terrace no início de 1865.

---

* Esta e as demais estimativas do livro foram feitas pelo autor com base nos valores da libra esterlina em 2016. [Nota da Edição, daqui em diante NE.]

Quatro meses depois, Margaret Jane, que não tinha completado o quarto aniversário, também sucumbiu do que foi diagnosticado como febre tifoide. Ela se juntou ao pai e aos irmãos e foi enterrada na igreja Holy Trinity, em South Hetton.

Pode ser que todas as mortes dos Mowbray apenas tenham sido reflexo das péssimas condições de vida pelas quais passavam os pobres na era vitoriana. Precisamos nos lembrar de que os anos 1800 viram epidemias de influenza, tifo, febre tifoide, varíola e cólera. Piolhos, camundongos e ratos eram muito comuns e são vetores de uma grande variedade de doenças. A habitação era muito precária para as classes menos favorecidas, e as condições sanitárias eram terríveis. A morte tanto de adultos quanto de crianças era muito frequente, muitas famílias se deparavam com múltiplas mortes em curtos espaços de tempo. Assim, as sucessivas perdas dos Mowbray não pareciam incomuns.

No verão de 1865, Mary Ann entregou a filha que sobreviveu, Isabella, na época com 7 anos, para a avó, Margaret. Ela e o marido, George, cuidaram da criança. O motivo só podemos especular. Foi, de fato, uma tentativa de sair em busca de trabalho? Era uma mulher sofrida que acabara de enterrar a maior parte da família e precisava de um tempo? Ou foi uma fuga da responsabilidade? Os únicos fatos confirmados sobre esse período de sua vida são que Mary Ann Robson se casou com William Mowbray e teve, pelo menos, nove filhos. Quando ele morreu, dois ainda estavam vivos, e um deles se foi logo em seguida. Tudo mais além disso está na esfera das fofocas e das especulações.

George Stott, censo de 1851 (página 36).
Margaret Jane Mowbray nascida em Cornwall (página 39).

Registro de batismo de Isabella Mowbray (página 38).
Família Mowbray e Stott em South Hetton, censo de 1861 (página 39).

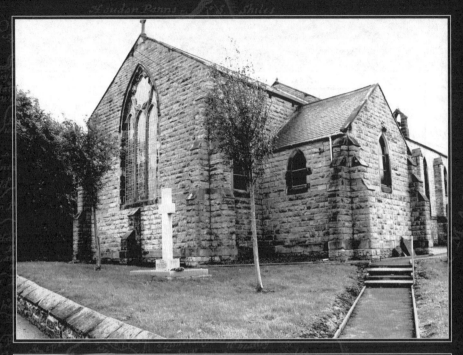

Foto atual da igreja Holy Trinity, South Hetton.
Registro de óbito de Mary Jane Mowbray (página 39).

Foto de South Hetton em 2012.

Registro de batismo de Margaret Jane Mowbray (segunda) e de John Robert Mowbray (página 39).

Túmulos na igreja Holy Trinity em South Hetton, 2012.

*North Terrace em Seaham Harbour, 2012.
Mary Ann viveu no prédio ao lado do hotel.*

*Registro de óbito de William Mowbray com a idade errada, e de
Margaret Jane Mowbray (segunda), mencionados nas páginas 40 e 41.*

THE VOLUNTARY HOSPITAL SYSTEM, WHICH IS PECULIAR TO THE ENGLISH-SPEAKING PEOPLES, IS PART OF THE HERITAGE OF OUR GENERATION; AND IT WOULD BE LAMENTABLE IF BY OUR APATHY OR FOLLY IT WERE SUFFERED TO FALL INTO RUIN.

THE OLD SUNDERLAND INFIRMARY

THE CHILDREN'S HOSPITAL.

THE VOLUNTARY HOSPITAL SYSTEM, WHICH IS PECULIAR TO THE ENGLISH-SPEAKING PEOPLES, IS PART OF THE HERITAGE OF OUR GENERATION; AND IT WOULD BE LAMENTABLE IF BY OUR APATHY OR FOLLY IT WERE SUFFERED TO FALL INTO RUIN.

THE OLD SUNDERLAND INFIRMARY

MARTIN CONNOLLY

MARY ANN COTTON
LADYKILLERS PROFILE

03
CAPITULUM

DARK ANGEL

GEORGE WARD

Mary Ann parecia ansiosa por seguir em frente. Há quem especule que nessa época Joseph Nattrass entrara em cena, e a viúva-negra tenha cortejado um futuro amante e possível vítima. Apesar da possibilidade de ter havido um encontro entre Nattrass e Mary Ann, não há nenhuma prova de que tenham se relacionado. O que sabemos é que Mary Ann arranjou emprego no hospital The Old Sunderland Infirmary. Ela assumiu o posto de auxiliar de enfermagem que era de uma mulher chamada Isabella Smith, registrada no *Northern Echo* como sendo casada com Samuel Smith, bombeiro. Isabella, em testemunho posterior para o julgamento, contou o que sabia:

Fui enfermeira em Old Sunderland Infirmary por vários anos e saí em 1865 ou 1866 para me casar. A prisioneira [Mary Ann] assumiu meu posto quando parti. Na época, ela assinava como Mowbray. Ela assumiu meu lugar e ficou lá por onze ou doze meses. Um homem chamado George Ward foi paciente do hospital na época em que ela esteve lá e ela cuidou dele. Depois, ela se casou com ele.

Isabella prosseguiu seu relato e confirmou que Mary Ann tinha acesso a venenos, que estavam claramente etiquetados no hospital. Isabella fez questão de esclarecer que ela mesma não era capaz de distinguir qual frasco era qual, por "não ter muito estudo. Uma pessoa estudada saberia quais eram os venenos, já que os nomes estavam nos frascos". Sabemos que Mary Ann era alfabetizada, e essa dedução foi deixada no ar para o juiz.

Com doze sanguessugas e um sangramento contínuo no nariz, George, já enfraquecido, perdia muito sangue.

Mary Ann se casou com George Ward na igreja St. Peter, em Monkwearmouth, Sunderland, em 28 de agosto de 1865. George nascera em 1833 em Sunderland. É um dos homens que passou pela vida de Mary Ann sobre quem pouco sabemos. Contudo, há bastante informação dos últimos dias de vida dele por causa de uma matéria publicada no jornal *Sunderland Times*. Nela ficamos sabendo que George Ward foi acometido por uma doença, e um tal dr. Dixon foi chamado para cuidar dele. Contudo, como o estado dele não parecia melhorar, Mary Ann pediu uma segunda opinião a um ex-colega do hospital, o dr. Maling. Os sintomas de George incluíam sangramento nasal, e todos os esforços do médico não geraram melhora. George reclamava de cansaço constante e de sensação de fraqueza. Dr. Dixon, sem ideia do motivo da piora de George, tentou um tratamento bastante comum para diversos problemas nos anos 1800: instruiu Mary Ann a aplicar doze sanguessugas no corpo de George. Sanguessugas, no geral, extraem, em média, três gramas de sangue a cada quinze minutos. Com doze sanguessugas e um sangramento contínuo no nariz, George, já enfraquecido, perdia muito sangue. Ao que parece, a situação se complicou com os ferimentos deixados pelas sanguessugas, que continuaram sangrando a noite toda. O assistente do dr. Dixon, sr. Coul, cuidou do paciente no dia seguinte, ao limpar as feridas e fazer curativos. Dr. Maling foi chamado mais uma vez, o que teria deixado dr. Dixon ressentido, de modo que George acabou por ficar aos cuidados de Maling. A briga foi divulgada na época do julgamento.

> ... ela [Mary Ann], viúva com uma filha, cuidou no hospital de um homem chamado George Ward. Quando se recuperou, ele se casou com a enfermeira. No mesmo ano, ela o enterrou. A causa da morte foi registrada como tifo; os sintomas eram os mesmos de uma morte por envenenamento de arsênico. O caso de Ward e a controvérsia que foi causada, na qual o dr. Maling e o dr. Dixon se envolveram, criaram certo burburinho em Sunderland na época. Entretanto, Ward morreu e foi enterrado na paróquia.
>
> *Northern Echo*

Alegaram, de maneira sensacionalista, que os sintomas eram "os mesmos de uma morte por envenenamento de arsênico". A matéria, também, registra erroneamente a causa da morte, declarando se tratar de "tifo", quando, na verdade, foi registrada no atestado de óbito como cólera inglesa e febre tifoide. Dr. Maling reassumiu o tratamento de George, mas, por fim, também decidiu partir. Ele relatou que Ward estava começando a apresentar sinais de paralisia nas mãos e nos pés. Dr. Gammage atestaria mais tarde que também atendeu a George. Seus comentários também apareceram na época do julgamento.

> ... ele [George Ward] morreu em 21 de outubro de 1865, aos 33 anos. Sr. Gammage o tratou e, apesar de o paciente estar em um estado precário de saúde, atestou que o homem morreu de forma muito repentina.
>
> *Northern Echo*

Arsênico ministrado em pequenas doses causa enfraquecimento, tontura e paralisia. Isso, de fato, levanta suspeitas a respeito do envolvimento de Mary Ann. Será que os dois médicos ficaram desconfiados e preferiram se distanciar do caso? Talvez seja útil considerar todo o contexto. Mary Ann trabalhara em um hospital como enfermeira. Partindo do nosso ponto de vista moderno, talvez tenhamos uma visão equivocada desse papel. Florence Nightingale deu-se conta dos problemas da enfermagem na década de 1860 e iniciou o processo de treinamento e formação que culminaria na enfermagem como ela é hoje. Na época de Mary Ann, uma enfermeira era mais parecida com uma empregada doméstica, que limpava, cozinhava e cuidava da higiene básica dos pacientes. Também seguiam as instruções dos médicos de cuidados muito básicos, como limpar ferimentos, fazer curativos e administrar remédios ou tratamentos. Não era uma função bem paga. Registros da época mostram que os salários ficavam em torno de 16 libras por ano — o que hoje equivaleria a cerca de 1.300 libras por ano. A renda de Mary Ann foi substituída por um auxílio governamental que o casal recebia quando Mary Ann não trabalhava. Esse auxílio era de quatro xelins por semana, algo como 1,50 libra em valores atuais. Por causa da saúde frágil de George, essa precariedade era frequente na vida do casal. E Mary Ann sempre teve ambição para a vida dela. Gostava de ter dinheiro e os vestidos elegantes que ele podia comprar. Também gostava da companhia dos homens e, como as provas sugerem, de uma vida sexual ativa. Mas, com um marido tão doente, não havia intimidade sexual no casamento. Era uma situação intolerável para Mary Ann. Segundo o atestado de óbito, ele trabalhava como navegador em um rebocador a vapor, trabalho braçal de remuneração baixa; e a certidão de casamento tem um rabisco no lugar da assinatura. Somando tudo, ele não era o que Mary Ann aspirava como marido. Também podemos notar que, durante o julgamento, George não é mencionado em nenhum momento nem é referido em suas cartas. As circunstâncias pesavam a favor da ideia de eliminar um fardo como esse, caso tenha sido esse o modo como Mary Ann desejasse resolver a situação (e ela ainda tinha acesso livre aos venenos do hospital). Tudo isso é circunstancial, e, sem uma necropsia, as provas foram enterradas no cemitério Grangetown, quando George morreu em 20 de outubro de 1866. E essa foi mais uma morte que levantou suspeitas sobre o envolvimento de Mary Ann.

MARTIN CONNOLLY

MARY ANN
COTTON
LADYKILLERSPROFILE

04
CAPITULUM

DARK ANGEL

A FAMÍLIA ROBINSON

James Robinson nasceu em Gateshead em 1833. Aos 18 anos, era aprendiz de um construtor de barcos em Pallion e vivia com a mãe, Ann, e o pai, William, que também construía navios. Sabemos também, pelos registros do censo, que James cuidou da mãe, que ficou viúva. James se casou com a primeira esposa, Hannah Vawer, em 1855, em Gateshead. Hannah tinha 16 anos. Ela aparece no censo de 1861, cuja idade foi registrada como 22. Em novembro de 1866, Hannah Robinson morreu e deixou o marido, James, e cinco filhos: William Greenwell, 9 anos; Elizabeth, 8; James, 5; Mary Jane, 2, e John, de apenas 9 meses. Uma situação terrível para James, que, além de perder a esposa, precisaria cuidar de uma família com muitas crianças. James tinha três irmãs, mas todas com suas próprias famílias para dar conta, de modo que não podiam oferecer o cuidado e a atenção de que os sobrinhos precisavam. James tinha um bom emprego como construtor de navios, então publicou com urgência o anúncio de que precisava de uma empregada doméstica. Não sabemos quantas respostas recebeu, mas uma delas foi de Mary Ann, que usava o nome Mowbray, e não Ward.

Algo em Mary Ann atraiu James. Sabemos que Mary tinha a reputação de gostar de limpeza e cuidar bem da aparência. Era vista, também, como uma boa babá, pois havia trabalhado para os Potter, além da prática com os próprios filhos. Se os poderes de sedução de Mary Ann tiveram alguma participação nisso, apenas podemos especular. De qualquer forma, James a contratou como governanta, e ela se mudou para a casa dele em 20 de dezembro. Na época, John, o filho de James, estava muito doente. Ele recebera cuidados médicos por algum tempo. E, em 21 de dezembro, um dia depois da chegada de Mary Ann, o bebê morreu. Mais tarde, em depoimento para a polícia, James Robinson lembrou-se desses fatos com clareza. Notou-se durante o julgamento que os dois cirurgiões que atenderam tanto John quanto os filhos de Mary Ann se convenceram de que as mortes haviam sido de causas naturais.

Mary Ann teria matado a própria mãe? Talvez, mas, de acordo com a decisão de um juiz escocês, a acusação "não foi provada".

Só a pessoa mais tendenciosa atribuiria essa morte a Mary Ann, uma vez que os registros médicos são claros sobre suas causas naturais, sem falar que o pequeno John já estava doente antes da chegada de Mary Ann. A criança foi enterrada pelo reverendo Holmes no cemitério Bishopwearmouth, em 23 de dezembro de 1866.

Mary Ann se instalou na casa dos Robinson e, como esperado, foi muito atenciosa com James. Tão atenciosa que, entre março e abril de 1867, já estava dormindo na mesma cama que ele. Engravidar de James provavelmente a levaria a se casar com ele. Antes disso, porém, houve muitos desdobramentos. Foi em março de 1867 que Mary Ann recebeu a notícia de que sua mãe, Margaret Stott, estava doente em Seaham Harbour. Não sabemos qual foi a reação de Mary Ann ao tomar conhecimento disso. Ela estava tão bem, com um homem mais ou menos bem de vida. Não gostaria que nada atrapalhasse seus planos de se casar. Havia também a questão da pequena Isabella, a filha que ela deixou para trás. Mary Ann teria contado para James sobre a criança? Sabemos pelos registros que Margaret Stott teve hepatite, e, naquela época, essa doença era quase sempre fatal. A matéria no jornal foi clara ao apontar a conexão entre a morte da mãe e a chegada de Mary Ann:

> Pouco tempo depois, a mulher [Mary Ann] foi para a casa da mãe, em Seaham, alegando que ela estava doente. Dizem que a mãe conseguia se sentar na cama quando ela chegou, mas, em menos de nove dias após a chegada da filha, estava morta.
>
> *Northern Echo*

Isso sugere de forma direta o envolvimento de Mary Ann na morte da mãe. O que não sabemos é por quanto tempo a mãe esteve doente. Mary foi chamada por que o fim já estava próximo? É verdade que, apesar de tudo, Mary Ann tinha afeto pela mãe. O dilema entre o desejo de consolidar sua posição com James e a necessidade de cuidar da doença da mãe deve ter sido imenso. Mary viajou até Seaham, que fica por volta de 9,5 quilômetros de Pallion. Sua presença na casa talvez tenha causado alguma tensão com George Stott, já que ela sumiu deixando Isabella com eles. Mary Ann se mudou para a casa da mãe e, por ter sido "enfermeira", talvez fosse esperado que cuidasse da mãe, mas Margaret Stott morreu em 15 de março de 1867. Na época da morte da mãe, não houve suspeitas de assassinato. Essa acusação foi feita durante o julgamento e pesou sobre Mary Ann desde então. Contudo, se examinarmos o contexto dos fatos, talvez tenhamos de evitar essa acusação. Mary Ann sempre foi próxima da mãe. Margaret Stott, certa vez, fez a viagem árdua do nordeste da Inglaterra até St. Germans em Cornwall para trazer a filha de volta para casa, e Mary Ann retribuiu a gentileza.

A história de George Stott após a morte de Margaret pode ser reconstruída seguindo o censo. Em 1871, 1881 e 1891, ele esteve casado com Hannah e teve um enteado, George Paley. O censo de 1871 registra que ele morava na rua California Row, número 9, em Seaham.

O casamento deles foi em setembro de 1867, e o nome de solteira de Hannah era Hannah Paley. O censo de 1861 mostra que Hannah Paley morou com o marido na casa da rua California Row, 9, em Seaham.

A primeira esposa de George, a mãe de Mary Ann, Margaret Stott, morreu em 15 de março de 1867 e foi enterrada em California Row, mina de Seaham, em 17 de março. George Stott se casou com a vizinha, Hannah Paley, apenas seis meses após enterrar a esposa. Foi um namoro rápido, ou o relacionamento começou antes da morte da esposa doente? Mas não nos esqueçamos de Isabella. Se Margaret Stott morresse, Mary Ann seria obrigada a levar Isabella de volta a Pallion. Como isso afetaria o futuro de Mary Ann e James Robinson? A morte de Margaret Stott não seria vantajosa para Mary Ann. Além de tudo, não houve nenhuma contrapartida financeira. E, novamente, as pistas mais concretas haviam ido para o túmulo, dessa vez na igreja Christ, em New Seaham. Mary Ann teria matado a própria mãe? Talvez, mas, de acordo com a decisão de um juiz escocês, a acusação "não foi provada".

Foi noticiado que Mary pegou lençóis e outros objetos da casa dos Stott sem permissão, o que teria irritado George Stott. Como vemos a seguir, os jornais da época do julgamento de Mary Ann eram muito sensacionalistas.

> Em nove dias, ela [Margaret Stott] morreu. A morte foi repentina; e sua causa, desconhecida. Mary Ann saiu da casa, onde a mãe tinha morrido, esvaziando a casa e levando tudo que pôde carregar. De malas cheias com o espólio e acompanhada da filha, retornou para a casa dos Robinson.
>
> *Northern Echo*

Os jornalistas estavam sob forte influência da histeria em torno do julgamento de Mary Ann. Declarar a causa da morte como "desconhecida" não era correto, pois um médico já havia atestado a causa da morte. O termo "esvaziar" dá a impressão de que ela levara tudo da casa, o que também não é verdade. Ela levou apenas os lençóis. O que sabemos, de fato, é que Mary Ann voltou para Pallion carregando os pertences da casa da mãe e com a jovem Isabella Jane Mowbray ao seu lado.

Enquanto Mary Ann retornava a Pallion, dr. Shaw havia sido chamado à casa. O jovem James Robinson Junior ficara doente, e, logo em seguida, o mesmo aconteceu com a irmã dele, Elizabeth. Dr. Shaw descreveu o estado de saúde das crianças de modo bem visual. *Northern Echo* e *Morpeth Herald* usaram termos como: "se reviravam na cama"; "espumavam pela boca"; "era preciso um recipiente por perto porque vomitavam a cada gole de água".

James Junior foi o primeiro a partir. No dia 20 de abril, ele ficou inconsciente e morreu do que foi descrito como "febre contínua". Tinha 6 anos. Foi enterrado no cemitério Bishopwearmouth, em 21 de abril de 1867, pelo clérigo William Ephraim Houldey.

A irmã dele, Elizabeth, lutou mais um pouco, mas também sucumbiu e morreu em 25 de abril de 1867. A morte dela foi atribuída à febre tifoide. Ela também foi enterrada no cemitério Bishopwearmouth em 26 de abril de 1867 pelo clérigo James Holmes.

Ela estava com 8 anos de idade. Nem James Robinson, nem Mary Ann registraram o óbito. O motivo? Só podemos especular. Na melhor das hipóteses, é possível alegar que estavam exaustos pelo luto e pediram que Jane Hindmarch, a esposa de um colega construtor de barcos, cumprisse a formalidade, o que sugere que ela estava presente na hora da morte.

Contudo, o caso não termina aqui. A criança que Mary Ann trouxe com ela de Seaham também adoeceu. Os relatos dizem que teve os mesmos sintomas que as outras. Dr. Shaw também afirmou que a criança "vomitou no rosto da mulher [Mary Ann]".

Os jornais foram bem explícitos.

> A filha dela [de Mary Ann] sofreu por algum tempo, com vômitos e convulsões, mas, por fim, morreu. A causa da morte foi febre tifoide, mais uma vez na presença de dr. Shaw. Durante a enfermidade, a criança vomitou no rosto da mãe, que foi tomada de imediato pelos mesmos sintomas, sofrendo com dores e convulsões.
>
> *Northern Echo*

Ao que parece, Mary Ann foi contaminada pela mesma doença, mas se recuperou rápido, diferentemente da pequena Isabella Mowbray, que morreu com 9 anos em 30 de abril de 1867. Mary Ann, mais uma vez foi descrita como tomada pelo luto da morte, e, assim como os óbitos anteriores, esse foi registrado por Jane Hindmarch.

Isabella foi enterrada no cemitério Bishopwearmouth em 2 de maio de 1867. A pobre menina foi separada na morte da outra família, que tinha sido toda enterrada em South Hetton.

Com esse fluxo constante de mortes, Mary Ann enfrentaria mais tarde acusações de todos os lados, que afirmavam que se tratava de uma série de assassinatos e que ela era a culpada. Até mesmo o marido, James Robinson, fez uma declaração acusatória no julgamento de Mary Ann: "Estou convencido de que meus filhos foram envenenados. Suspeitei disso na época, mas não quis deixar minha imaginação ir tão longe. Eles eram saudáveis e fortes e adoeceram apenas alguns dias antes de morrer. Toda vez que ela lhes dava algo, eles vomitavam, passavam mal e expeliam".

Isso parece estranho e dá a impressão de que o homem tinha sido influenciado pelos eventos do julgamento e pelas matérias dos jornais. Se ele estava "convencido", por que permitiu que Mary Ann continuasse na casa dele com as outras crianças, chegando inclusive a se casar com ela? Além disso, médicos examinaram as crianças. Eles também deixaram passar os indícios de envenenamento, se é que houve?

As irmãs dele também expressaram opiniões similares quando leram as notícias dos casos de envenenamento em West Auckland e disseram que "foi daquele jeito que as crianças partiram". Uma delas lhe deu um jornal e disse "foi a sua Mary Ann que fez aquilo". Até aquele momento, não sabiam que a Mary Ann de West Auckland era a mesma que se casara com o irmão delas.

Em retrospecto, confirmaram-se as suspeitas antigas. Mary Ann matou todas aquelas crianças? De novo, a resposta não pode passar de um "talvez". Ela teria recebido um valor ínfimo do seguro pela própria filha, Isabella, e os registros mostram que James Robinson recebeu as indenizações de seus filhos. O próprio James Robinson confirmou que Mary Ann ficou atormentada com as mortes. Era tudo fingimento? Por que ela não matou as outras duas crianças, Elizabeth e Mary Jane? Mary Jane, com 3 anos, seria um alvo fácil; também precisamos nos lembrar da época em que a família viveu. Febres e doenças como escarlatina, febre tifoide, tifo e varíola podiam atacar uma casa e ceifar todas as crianças da família. A própria Mary Ann ficou doente. Assim como nos casos anteriores, os corpos foram enterrados, levando junto qualquer prova que pudessem oferecer. Nos dias de hoje, certamente, mortes múltiplas não passariam sem autópsia ou inquérito policial, mas seria um anacronismo tentar aplicar os padrões atuais ao caso. James Robinson, apesar das declarações posteriores em que alegou suspeitar de crime, não se importou em se casar com Mary Ann, em 11 de agosto de 1867, na paróquia da igreja em Bishopwearmouth. A certidão de casamento mostra que houve algumas questões envolvendo o casamento. Mary Ann era, nessa época, Mary Ann Ward, mas usava o sobrenome Mowbray.

É provável que James Robinson não soubesse do casamento com George Ward. Mary Ann teria se preocupado com a possibilidade de James estar ciente da controvérsia apresentada na matéria de jornal em Sunderland sobre a doença e a morte de George Ward? Os dois estavam vivendo na mesma casa em Pallion, Sunderland, mas ambos indicaram endereços falsos. Ele citou a Sans Street; e Mary Ann, a High Street West, ambos em Sunderland.

A única razão para isso seria fingir que o relacionamento era correto em termos morais e civis, para evitar escândalos com as autoridades da igreja. No dia do casamento, Mary Ann estava grávida de mais de cinco meses. O vestido precisaria ser muito bem planejado para ocultar a barriga. Sem dúvida, o vigário estava ciente e fez vista grossa. Também é digno de nota que a assinatura de Mary Ann estava bem definida e firme, o que sugere que ler e escrever não era problema. Isso levanta a questão de o porquê das cartas na prisão em 1872 e 1873 serem tão mal escritas e, às vezes, ostentarem um rabisco no lugar da assinatura. Era encenação para obter piedade?

James Robinson deve ser visto como um homem honrado. Perdeu a esposa e viu Mary Ann ir a Seaham e retornar, após enterrar a mãe, com uma filha, que, ao que parece, ele aceitou. Ele perdeu dois filhos e viu a filha de Mary Ann morrer. Apesar de tudo isso, aceitou a responsabilidade dele com a gravidez de Mary Ann e honrou o compromisso de se casar com ela.

Depois do casamento, Mary Ann instalou-se na casa de James Robinson. Ela recebeu o controle das finanças da família, James deixou a cargo dela toda a vida financeira dele. Não eram apenas as despesas diárias da casa que estavam a seus cuidados, ela também tinha ficado responsável pelo pagamento da empresa de construção, pelos depósitos bancários e pelas economias na agência dos correios.

Por fim, em 29 de novembro, ela deu à luz uma garota. A certidão de nascimento declara o nome de Margaret Isabella. Entretanto, o registro de batismo de 11 de fevereiro de 1868 indica Mary Isabella. Ela morreu em 28 de fevereiro de 1868 de "convulsões — sem atestado". A observação "sem atestado" era um indicativo de que o médico não chegou a tempo para confirmar os sintomas e a causa de morte. A certidão de óbito apresenta o nome Margaret Isabella.

Enquanto isso, em 1868, Mary Ann estava grávida de novo, e, em 18 de junho, um garoto chegou e recebeu o nome de George. A família passou a ser formada por James e Mary Ann, William, Mary Jane e o bebê George. Por incrível que pareça, Mary Ann disse a James que os vizinhos comentavam que ela "não cuidara das crianças como deveria". James garantiu que aquilo não era nada e que eles deveriam ser ignorados. Outra resposta estranha de alguém que estava "convencido" de que ela envenenara os filhos.

A forma como Mary tratou James em retribuição a essa confiança não a favorece em nada. Quando se casaram, James Robinson estava em um emprego excelente e tinha renda boa. Com uma casa razoável e com economias consideráveis, o futuro de Mary Ann parecia bem promissor. É difícil acreditar que ela quisesse estragar essa situação. Posteriormente, Mary Ann foi acusada de, nessa época, ter ido a Newcastle comprar sabão de arsênico. Voltaremos a essa questão quando tratarmos do julgamento.

James Robinson fazia pagamentos regularmente para a sociedade de construtores do sr. Wayman. Em outra sociedade de construtores, dirigida por sr. Trewhitt, os funcionários conferiram a caderneta de James e descobriram registros falsos no valor de 5 libras. James Robinson entrou em disputa com a sociedade e defendeu com todas as forças a honra da esposa. Quando a sociedade exigiu que o dinheiro fosse pago, Mary Ann mentiu para James e lhe disse que queriam o pagamento na semana seguinte. Contudo, James foi avisado de que Mary Ann tentou emprestar 5 libras de um banco local. Ela tentara usar o nome do tio e do cunhado como garantia. James, a essa altura abalado pelo choque e pela decepção, ficou ainda mais irritado quando descobriu que Mary Ann também tinha limpado a poupança

dele na agência dos correios. Em vez das 21 libras que deveriam estar na conta, ele se deparou com meros 20 xelins. Não podemos nem imaginar como James se sentiu quando o filho, William, lhe avisou que Mary Ann o mandara levar as roupas, os lençóis e a peças da mobília para a casa de penhores local. Mary Ann tentou dizer a James que o pai dela, se referindo a George Stott, resolveria tudo. James tinha combinado com Mary Ann de se encontrarem no banco, mas ela não apareceu. Estava tudo acabado entre eles. Ela foi embora e levou o bebê George consigo. James Robinson fechou sua casa e se mudou para a da irmã com William e Mary Jane.

Foi na noite de Ano-Novo de 1869 que Mary Ann apareceu na rua Johnson em Sunderland, na casa de uma amiga. Ela estava com George. Disse à amiga que precisava enviar uma carta e abandonou George aos cuidados dela. Ela nunca retornou. George foi levado para a casa da tia, e, quando James voltou da missa de ano-novo nas primeiras horas de 1º de janeiro de 1870, ficou muito feliz ao descobrir que o filho estava em casa, mas, ao mesmo tempo, se assustou com relatos que sugeriam que o bebê não recebera os cuidados adequados.

James, então, se mudou para outra casa, e, em 1871, o encontramos em Bishopwearmouth.

James não estava sozinho com as crianças. Chega a surpreender que a experiência com Mary Ann não o tivesse traumatizado em relação a governantas. Ele contratou outra, Frances Pratt.

Uma questão intrigante é como Mary Ann gastou o dinheiro. Se fosse para comprar vestidos e roupas, James Robinson teria notado. Não há uma lógica ou motivação evidente. Reportagens posteriores, influenciadas pelo julgamento, sugerem que ela gastava apostando em corridas, mas não há provas reais nos registros. Alguém poderia especular que Mary Ann estava ciente de que os roubos estavam prestes a serem descobertos e estava se preparando para fugir com outro homem. Podemos destacar aqui que a esposa de Joseph Nattrass morrera pouco antes disso em Shildon. Será que os rumores sobre Nattrass ser amante dela começaram aí? Voltaremos depois ao James e à vida dele sem Mary Ann.

Registro de óbito de John Robinson (página 54).
George Stott com o enteado George Paley e a esposa Hannah (página 55).
Hannah Paley residindo ao lado dos Stott, 1861 (página 56).

Registro do censo de 1871 mostrando James Robinson e os três filhos
que sobreviveram, e segunda página do censo de 1871 mostrando a
nova governanta de James Robinson, Frances Pratt (página 61).

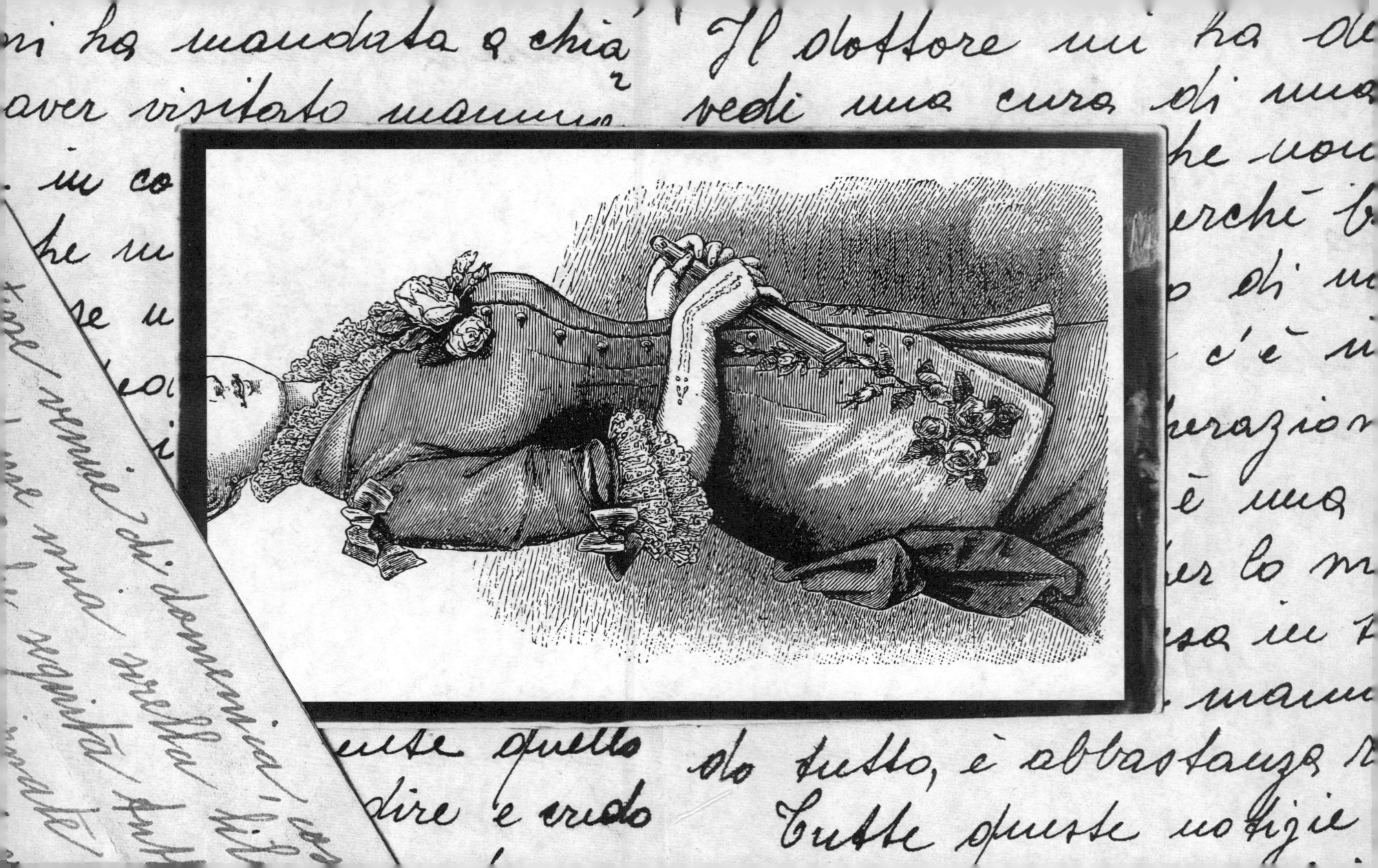

MARTIN CONNOLLY
MARY ANN COTTON
LADYKILLERSPROFILE

05
CAPITULUM

DARK ANGEL

MESES PERDIDOS

Depois do término com James Robinson, há um período em que não é possível afirmar com precisão a localização de Mary Ann. Joseph Nattrass estava viúvo; talvez ela tenha recorrido a ele, se Mary Ann, de fato, o conhecia na época. Ela deixou seu testemunho sobre esse período em uma carta para James Robinson escrita na prisão (o texto aqui mantém a grafia original dela):*

---

* Por conta da tradução, trata-se de uma adaptação dos erros produzidos no original. [NE]

Dia 12 de março.

Meus amigos queridos

Su ponho que vocês Sabem mais que posso conta so bre meu destino Terrrivel com que me encontro quero saber se vocês me Deixam ver as 3 criansas o mais breve possive Gostaria de ver vocês Trazerem elas se não podem Pessa para Al Guém pra Trazer me disseram o je que vocês dizem que so tem Uma Carta minha desde que eu deichei eles se não receberam mais Nehuma devem ter sido retida de vocês espero que vocês Recebam essa E axo que se tem Um pingo de bondade Tentarão fazer com que minha Vida seja poupada vocês mesmos sabem que tem sido Um teror ouvir falar das Mintiras ditas de mim tão tenho que dizer vocês São a Causa de Todos meus problemas pque se vocês não Deixassem a casa E tudo mais Quando cheguei na porta da minha casa Estava Vagndo pela rua Com meu Bebê no Brasso sem casa sem aonde Deitar a cabeça Sabem que se tentarem lembra do Passado não vendia minhas coisas em uma rua qualquer pra voltar pra vocês tinha uma mãe para ajudar na época Mas Quando vocês fecharam a prta não tinha niguém além de vocês Não sou culpada das Mintiras faladas Sobre mim se vocês falerem nada Além da vredade não posso levar minha cabeça pro passado porque é mais do que natureza pode suportar Uma coisa espero que vocês Tentem fazer com que minha vida seja polpada pque não Sou culpada do crime então tenho que morer por coisas inventada E façam O que Puderem pra mim pra Acabar isso espero receber resposta de você Pelo carta que foi... M A Cotton

Mary Ann também se correspondeu com Henry Holdforth, carvoeiro e superintendente da igreja Wesleyana, que vivia em West Hartlepool com a esposa, Mary, e seis filhos. Já vimos o relato dele sobre Mary Ann e sabemos que ele conheceu a família Robson na mina de Murton. Claramente, ele escreveu a Mary Ann e recebeu como resposta uma longa carta, mas a parte que nos interessa no momento sobre o tempo que viveu com James Robinson é esta (o texto aqui mantém a grafia original):

...na hora você falou dos meus olhos escuros Fiquei feliz na hora e aqueles Foram dias de Alegria pra todas nossas almas, mas esses Últimos 6 anos da minha Vida foram um sofrimento caseie com um Homem que chamam de James Robinson, ele tinha 3 irmãs nunca Fui Cuidada como deveria Por nenhuma delas. Ele diz que não pode Confiar Nós tivemos alguma Briga por dinheiro e Saí de casa por uns dias, não Queria deixar ele Já que não tinha casa fui para south hetton, fiquei lá Quando voltei não tinha casa pra mim ele vendeu O que não Quis E levou outras coisas e Foi Viver Com a irmã então eu podia ir Aonde Quisesse então caseie com esse Homem Cotton...

É notável que Mary Ann afirme que James era a causa de todos os problemas dela e que ela não queria deixá-lo. Na carta para James, ela alega ter vagado pelas ruas e, na outra carta, diz que foi para South Hetton.

OZONE PAPER

"THE KING OF THE CRUET."

CASH'
WOVEN NA
AND INITIA

ASTHMA, CHRO
BRONCHITIC ASTHMA,

KOKO FOR THE

THE KOKO MAR
16, BEVIS MARKS, and

CORN EXT

UMBR

SEE THIS
EVERY UMBRELLA
S. FOX &
PARAGON

S. FOX &

Manufacture the
all their frames,
to provide EXCE
AT A MERELY
over inferior ma
Our Umbrella Fr
as they have be

COMFORT

Beet
Corn

CURES WHEN ALL O
IT ACTS LIK

N.B.—THIS PLASTER IS QUITE DIFFERENT TO ALL OTHERS.
M. BEETHAM & SON, Chemists, Cheltenham.

Hovis Bread is
sold by 7000
Bakers in the
British Isles.

MARTIN CONNOLLY

MARY ANN
COTTON
LADYKILLERSPROFILE

06
CAPITULUM

DARK ANGEL

A FAMÍLIA COTTON

Agora talvez seja útil localizar os Cotton nesse cenário. Frederick Cotton Senior nasceu em 1831 em meio à miséria. Ele e a irmã, Margaret, foram abandonados sozinhos em uma *workhouse** em Wisbech. Margaret nasceu em 1832, e a vida deles começou e terminou em tragédia. Ela se tornou amiga de Mary Ann quando entraram no mundo dos trabalhos domésticos.

Frederick Cotton Senior deixou a casa em Cambridgeshire em busca de trabalho. Como atesta o censo de 1861, tinha um filho, Frederick John, de 13 anos; uma filha, Margaret, de 2, e outra filha, Adelaide Jane, com 5 meses. Em setembro de 1863, a esposa dele (também chamada Adelaide) se mudou para o norte, para Sunderland, e deu à luz Frederick Junior. O nome

---

* Workhouse se refere a instituições da Inglaterra onde pessoas pobres podiam morar e trabalhar. A história dessas instituições pode ser traçada desde *Poor Law* de 1388 até a extinção definitiva com o Ato de Assistência Nacional de 1948. [NT]

repetido indica que o outro filho de Cambridgeshire tinha morrido. Em 1865, outro filho nasceu e foi batizado de Charles Edward. A garota, Margaret, de Cambridgeshire, também morreu em 9 de outubro, aos 11 anos. Frederick sofreu outra perda significativa quando a esposa, Adelaide, morreu em 19 de dezembro de 1869.

Charles Cotton, irmão de Frederick, era marinheiro, e Mary alegou tê-lo conhecido em Newcastle, quando lhe pediu que levasse a última criança dos Cotton, que morreu em West Auckland. O tom das cartas e a ausência de qualquer menção a esses acontecimentos geram dúvidas sobre a afirmação. Uma das cartas foi enviada para o jornal local.

North Woolwich Road nº 112, Victoria Docks, Londres, Inglaterra, 9 de outubro de 1872

Prezado senhor,

Em decorrência das muitas matérias que li que esclarecem (ao que tudo indica) sua vigilância no que se trata de Mary Ann Cotton, suspeito que ela tenha alguma relação com a família do meu irmão antes das mortes da primeira esposa, dos dois filhos e, também, da irmã. A supracitada deixou o serviço em que estava para cuidar da casa do meu irmão, F. Cotton, por volta da (ou logo após) época em que os óbitos ocorreram. Na época, residiam no nº 5 da Devon Row, na mina de Walbottle. Não conheço nenhum vizinho deles daquela época (caso contrário entraria em contato) que possa oferecer informações que neguem ou confirmem minhas suspeitas. Minha irmã, Margaret Cotton, conforme fui informado pelo meu irmão, Frederick, morreu de modo repentino com dor severa no estômago, os outros três tiveram uma morte mais angustiante.

Respeitosamente,
Charles Cotton

Uma resposta, vinda de Stanhope em 15 de outubro de 1872 para Charles Cotton, nos informa que a irmã de Frederick se demitiu de imediato do emprego de doméstica para cuidar de Adelaide, que estava doente, e de Frederick e família.

Paróquia de Stanhope, Darlington, 15 de outubro de 1872

Sr. C. Cotton

Senhor, li sua carta do último dia 9 na edição de hoje do *Newcastle Daily Journal* e escrevo para dizer que seu irmão falecido Frederick me escreveu sobre a morte da irmã dele, Margaret. Ela morreu, disse, depois de doença muito breve. Ela deixou o trabalho que prestava para nós para cuidar do lar do irmão, Frederick, em Walbottle, quando a esposa dele estava à beira da morte. Tenho motivos para acreditar que Margaret tinha por volta de £60 no banco quando nos deixou. Ela falava para os colegas de trabalho daqui sobre essa mulher, Mowbray. Margaret era uma funcionária excelente, trabalhava como lavadeira, e lamentamos ficar sem os serviços dela e, depois, lamentamos mais ainda em ouvir sobre sua morte inesperada. Pode fazer o uso que desejar dessa informação.

Sinceramente,

Charles Clayton — pároco da paróquia de Stanhope

P.S. Sua irmã começou a trabalhar para nós em julho de 1866 e se demitiu em dezembro de 1869.

Essa carta foi uma resposta à correspondência (já mostrada aqui) que Charles Cotton enviara à polícia e que foi publicada nos jornais. Charles Cotton enviou, também, outra carta à polícia.

Duas questões, contudo, são interessantes a essa altura: Mary Ann abandonou o bebê George em dezembro em Sunderland, e Margaret Cotton saiu de Stanhope no mesmo mês. O reverendo Clayton confirmou que Margaret conhecia Mary Ann e falou dela. Não seria muito forçado dizer que Margaret e Mary Ann mantiveram contato. Na minha opinião, podemos ignorar boa parte do sensacionalismo dos jornais da época do julgamento de Mary Ann que trataram desse período da vida dela. São alegações de prostituição e de vida desregrada, ambas improváveis. Mary Ann tinha muitos defeitos, mas sempre foi capaz de sobreviver de seu trabalho. A separação de James Robinson deve ter ocorrido em novembro de 1869. Sabemos pelos registros que, no final daquele ano, ela era lavadeira de uma hospedaria que abrigava mulheres desamparadas em Sunderland, trabalhando para Edward Backhouse. Ele foi juiz do condado e vivia em uma mansão imensa chamada Ashburne House, em Sunderland. Ele morreu em 1879 e gastava por volta de 10 mil libras por ano em caridade. Ele entrou em contato com a Secretaria de Assuntos Internos pedindo clemência pela vida de Mary Ann depois da condenação. Margaret Cotton trabalhou como lavadeira em Stanhope. Teria sido ela a conseguir o trabalho para Mary Ann?

> **[...] enquanto Mary Ann esteve em evidência pública, o consenso era que ela eliminara os Cottons para se casar com Frederick. Precisamos, no entanto, voltar um passo e lembrar que as mortes provavelmente foram de causas naturais.**

É provável que a combinação dos dois eventos (a mudança de Margaret Cotton a Walbottle, próximo a Newcastle para ficar com o irmão, e Mary Ann em busca de um marido novo) tenha levado Margaret a fazer o convite a Mary Ann. Talvez tenha chegado a pensar em Mary Ann, que tinha sido enfermeira, como alguém que poderia ser útil na difícil situação na casa dos Cotton. Isso parece ainda mais plausível quando descobrimos que, em 29 de janeiro de 1870, Adelaide Jane, a última filha de Frederick, morrera de tifo.

Em menos de três meses, em 25 de março, Margaret Cotton morreu de pleuropneumonia. Ela deixou uma poupança de 60 libras, quantia que não era nem um pouco desprezível na época. Talvez seja desconfortável pensar nisso, mas a morte da irmã muito provavelmente tenha sido devastadora para Fredrick, e Mary Ann, muito astuta, talvez soubesse como confortá-lo. Afinal, James Robinson não recebera o mesmo tipo de conforto? Sabemos que Mary Ann teve um filho em fevereiro de 1871, o que indicaria a concepção por volta de abril ou maio de 1870. Frederick Cotton assumiu a responsabilidade pelo bebê, e, portanto, concluímos que Mary Ann estava em Walbottle na época.

Talvez abril seja o mês correto, e algum acontecimento levou Mary Ann a se mudar para Spennymoor, onde começou a trabalhar com o dr. Hefferman. O censo de 1871 indica que Hefferman residia na Whitworth Terrace, número 7, em Spennymoor. Mary mudou-se para esse endereço para morar e trabalhar em abril de 1870.

A informação é de uma carta escrita por um tal de sr. Gallon, que dizia:

> A filha e a esposa do Fred morreram em dezembro de 1869. A outra filha morreu em janeiro de 1870, e a irmã, Margaret, morreu em fevereiro ou março de 1870. Mary Cotton não esteve lá antes de julho daquele ano, então não é possível que tenha algo a ver com as mortes.

É provável que Mary Ann nem tenha chegado a morar em Walbottle, apenas visitado algumas vezes. Segundo os fatos, Mary Ann, certamente, conhecia a casa desde antes da morte de Margaret e talvez mesmo antes da morte de Adelaide Jane. Foi o que Charles Cotton, irmão de Frederick, pensou quando, mais tarde, escreveu para o sargento Hutchinson em West Auckland.

> Woolwich Road, 112
> Victoria Docks, Londres, Inglaterra
> 17 de outubro de 1872
>
> Prezado senhor,
> Encaminho a cópia de uma carta que recebi ontem e que confirma minhas suspeitas sobre Mowbray (agora conhecida como Mary Ann Cotton) ter tido algum relacionamento prévio com a família do meu irmão antes da morte da minha irmã Margaret.
>
> Sinceramente,
> Charles Cotton
> Sr. Hutchinson, sargento de polícia.
> West Auckland

Obviamente, enquanto Mary Ann esteve em evidência pública, o consenso era que ela eliminara os Cotton para se casar com Frederick. Precisamos, no entanto, voltar um passo e lembrar que as mortes provavelmente foram de causas naturais. A morte de Margaret não poderia ser confundida com envenenamento, uma vez que tinha sido atribuída à pleuropneumonia.

Sabemos que havia porcos perto da casa dos Cotton e que esses animais são propensos a pegar um tipo de pleuropneumonia. A transmissão a humanos, no entanto, é rara, mas pode ocorrer. Histórias que circularam mais tarde sugerem que os porcos foram envenenados, mas é mais provável que tenham morrido de pleuropneumonia, o que matou, também, Margaret. Podemos, portanto, deduzir que Mary Ann visitou os Cotton e começou um relacionamento com Frederick no começo dos anos 1870. Talvez tenha se mudado para Spennymoor antes de perceber que estava grávida. O que sabemos é que, em Spennymoor, o comportamento traiçoeiro que Mary Ann demonstrara com James Robinson continuava presente. Ao que parece, dr. Hefferman deixou boa parte dos tratamentos nas mãos do assistente, dr. Brereton, e Mary Ann se aproveitou disso. Assim que Mary Ann ficou ciente da gravidez, deve ter percebido que, em pouco tempo, perderia seu posto. Era preciso fazer planos, e foi então que vários itens da casa começaram a desaparecer, de forma similar ao que ocorrera na casa dos Robinson no período em que Mary Ann viveu lá. Relatórios atestam que o médico confrontou Mary Ann, que, é claro, negou qualquer conhecimento sobre os itens desaparecidos. A polícia não foi chamada, e duas pessoas foram demitidas: Mary Ann e um criado, que também trabalhava para o médico. Isso sugere que Mary Ann e o criado agiam juntos ou chegaram a ter relacionamento? Sabemos que aparentemente Mary Ann sentia necessidade de fazer os homens se apaixonarem por ela. Disso podemos inferir, inclusive, que o criado fosse o pai da criança que Frederick Cotton assumiu como sua. Durante o tempo em ficou com o dr. Hefferman, e com o caminho livre, Mary Ann teve acesso à ala de cirurgia e de atendimento clínico, onde os venenos estariam disponíveis.

De acordo com os registros, Mary Ann deixou a casa em Spennymoor em junho de 1870 e apareceu em Walbottle em julho do mesmo ano. Talvez tenha ido lembrar Frederick da paixão que tiveram em abril. O bebê que ela estava esperando seria resultado disso? Ou, como sugeri antes, Mary Ann pode ter tido um relacionamento com o criado e não tinha certeza da paternidade do filho que carregava. De todo modo, se Frederick estava disposto a aceitar a responsabilidade, Mary Ann não reclamaria. A essa altura, era a "governanta" da casa de Frederick e havia se instalado na vida doméstica em Walbottle. O que Fred não sabia era que Mary Ann estava casada com James Robinson e não tinha se divorciado. Desconhecendo a história, concordou em se casar com Mary Ann, e, em 17 de setembro de 1870, Frederick e Mary Ann se casaram na igreja de St. Andrew, em Newcastle. Ela assinou a certidão como Mary Ann Mowbray e disse ser viúva. Não há dúvida aqui de que Mary Ann Robinson, de fato, cometeu o crime de bigamia.

Vale destacar que o crime de bigamia, segundo as leis de 1600, podia levar o condenado à forca. Nos anos 1800, a condenação era servidão penal por dois a sete anos. Mary Ann estava assumindo um risco imenso ao "se casar" com Frederick Cotton. Além do mais, como o "casamento" era ilegal, ela não teria o direito de usar o nome "Cotton".

Walbottle não era um lugar agradável para Mary Ann. Ao que parece, os vizinhos não gostavam dela. Mas as histórias sobre o envenenamento de porcos, entre outras, só surgiram depois da prisão em West Auckland e são uma reinterpretação dos fatos. Como expliquei antes, é provável que as mortes dos porcos tenham ocorrido muito antes e por causas naturais; depois de sua reputação de envenenadora, os rancores em relação a ela foram inflamados. Em 8 de fevereiro de 1871, Mary Ann deu à luz um garoto. E o batizou com o nome do irmão falecido, Robert Robson Cotton.

Segundo o censo de 1871, eles estavam em Walbottle em 2 de abril, na Devon Row. As pessoas sabiam contar, e o nascimento, que ocorreu apenas cinco meses depois do casamento, deve ter causado muito falatório. Sem dúvida, Walbottle era um lugar tenso para a família. Mas, no ramo da mineração, os trabalhadores tinham contratos anuais (uma prática odiada que só foi abolida em 1872). Normalmente, o contrato era renovado em 5 de abril de cada ano. Então, é provável que Frederick não pudesse sair de Walbottle até concluir o contrato em 5 de abril de 1871.

O dr. Kilburn, que testemunhou no julgamento de Mary Ann, disse que abril de 1871 foi a data em que ela chegou a West Auckland e ele se tornou o médico da família.

MARTIN CONNOLLY

MARY ANN COTTON

LADY KILLERS PROFILE

07

CAPITULUM

DARK ANGEL

MORTES AO REDOR

Quando os Cotton chegaram a West Auckland, eles se instalaram no número 20 da rua Johnson Terrace, uma fileira de casas onde hoje ficam a Chapel Street e a Darlington Road. Pode-se ter uma boa noção sobre as condições do lugar a partir de imagens aéreas (consultar página 81).

A área foi revitalizada nos anos 1970 e hoje é um terreno de loteamentos. Sabemos também, pelo censo de 1871, que Joseph Nattrass viveu em um terreno próximo aos Cotton, como inquilino da família Shaw. Nattrass nasceu em 1836, em Coxhoe. Em 1860, ele se apaixonou por uma garota chamada Catherine Thubron, de Pittington, uma vila a cerca de 10 quilômetros de Coxhoe. Eles se casaram em Dalton-Le-Dale em outubro daquele ano. O censo de 1861 indica que os recém-casados viveram com a família de Catherine no Pattison's Buildings, em Seaham Harbour. As especulações na época do julgamento eram que Mary Ann teve um caso com ele em 1861. Não há provas de tais encontros. Nattrass e a esposa se mudaram para Shildon, próximo a West Auckland, onde Nattrass conseguiu um trabalho para escavar as minas da região. A esposa dele morreu em 1868, e, depois disso, ele se mudou para West Auckland e passou a ter um relacionamento, segundo as fofocas da região, com Mary Ann.

Ninguém suspeitou de nada sinistro, e a vida seguiu.

Antes de abordar as várias sessões do tribunal e seus desdobramentos, consideremos os fatos concretos. Frederick Cotton era carvoeiro e deveria ter saúde e capacidade física suficientes para suportar o rigor do trabalho. Em setembro de 1871, ele passou mal na mina e, em menos de duas semanas, morreu aos 39 anos. O médico que o atendeu não teve dificuldades em atestar a morte em decorrência de causas naturais. A certidão de óbito declara a causa da morte como "febre tifoide e hepatite atestadas por 14 dias" e registra a data da morte em 20 de setembro de 1871. O atestado médico diz o mesmo.

Frederick foi enterrado no cemitério Paris Church em St. Helen's Auckland. Dizem que Mary Ann ficou abalada com a morte e, com o passar do tempo, vivia como uma viúva enlutada. Um pouco antes do Natal de 1871, Joseph Nattrass alugou um quarto na casa de Mary Ann. Aparentemente, ela estava complementando a renda precária que conseguia nos trabalhos de "enfermagem". Quando Joseph Nattrass se mudou, Mary Ann acolheu, também, os irmãos Taylor, George e Edward, como inquilinos.

Em março de 1872, o jovem Frederick Cotton Junior adoeceu e, em 10 de março, morreu de febre tifoide. Mais uma morte na vida de Mary Ann, que continuava sendo vista com piedade pela vizinhança. Frederick Cotton Junior também foi enterrado em St. Helen's Auckland.

Antes do fim de março, Mary Ann perdeu outro filho. Atestou-se a morte de Robert Robson Cotton em 28 de março como decorrente de "três semanas de convulsões devido à erupção dentária". Essas tragédias, como eram vistas pela população local, deixaram todos comovidos. A empresa de mineração suspendeu a cobrança do aluguel de Mary Ann e mantinha para ela um suprimento gratuito de carvão desde a morte de Frederick Senior. As pessoas da vila organizaram uma lista de doações, que também recebeu a contribuição da empresa de carvão.

A seguradora Prudential Insurance Company pagou pequenas quantias pelos três membros da família, algo em torno de 7 libras. Nessa época, Mary Ann engravidou de novo. Retomaremos esse assunto quando tratarmos da criança que nasceu na prisão de Durham. O inquilino, Joseph Nattrass, foi o próximo a adoecer. Ele morreu no dia 1º de abril de 1872, e a causa da morte foi atestada como febre tifoide. Ele também foi enterrado em St. Helen's Auckland. O registro de óbito mostra o nome de Nattrass logo após o do bebê Robert Robson Cotton.

Mary Ann teve um benefício financeiro com a morte de Joseph Nattrass. Ela recebeu dinheiro da empresa funerária Shildon Friendly Burial Society (por volta de 15 libras), bem como roupas e um relógio no valor de 30 libras.

Em maio, Mary Ann retirou seus pertences da casa na Johnson Terrace e se mudou com Charles Edward para Front Street, 13, em West Auckland. Um dos irmãos Taylor se mudou com ela. Ninguém suspeitou de nada, e a vida seguiu.

Em julho, o filho que sobreviveu, Charles Edward Cotton, o último de Frederick, adoeceu, vindo a falecer em 12 de julho. Ele tinha seguro de vida, mas o pagamento nunca foi feito para Mary Ann, e, nesse ponto, voltemos aos eventos que se desdobraram após sua morte para entender os motivos.

*West Auckland em 1857 e o último endereço de Mary Ann em
Front Street, como mencionado na página 79.*

*Johnson Terrace (à direita) em 1964, onde Mary Ann viveu
assim que chegou a West Auckland (página 77).
Atestado médico de Frederick Cotton Senior dias antes da morte (página 78).*

Interior da igreja St. Helen's Auckland.
Johnson Terrace hoje, demolida e loteada, foto de 2012.

Casa de Mary Ann Cotton na Front Street, em West Auckland (2012).

MARTIN CONNOLLY

MARY ANN COTTON

LADYKILLERSPROFILE

08

CAPITULUM

DARK ANGEL

DIAS CONTADOS

Em resumo, os fatos, quando apresentados em conjunto, deixam margem para uma série de questões. Em um período muito curto de tempo, o marido de Mary Ann, Frederick, morreu; o filho, Frederick Junior, sucumbiu a uma doença e morreu. O caso foi seguido pela morte do meio-irmão, Robson, e, em questão de dias, pelo óbito do amante de Mary Ann, Joseph Nattrass. Temos uma ideia mais clara da situação envolvendo essas duas últimas mortes pelo relato de George Taylor, que era inquilino na casa de Mary Ann.

> ... Nattrass adoeceu no domingo. Não sabia qual era o problema. Ele foi trabalhar por dois ou três turnos mesmo doente. Acho que, na quarta-feira à noite, foi o último dia que ele foi trabalhar. Ele disse que estava muito mal e que não podia trabalhar mais naquela

semana. O vi de novo na quinta-feira; estava na cama e parecia pior. Ele foi para o andar de cima da casa depois. O vi uma ou duas vezes de novo naquela semana, e ele pareceu pior uma noite ou duas antes de morrer. Meu irmão e eu fomos chamados pela Mary Ann que estava no quarto de Nattrass. Acordamos e, quando chegamos, a prisioneira, que estava no cômodo, ao lado da cama, levantou a mão para nos impedir de entrar. Ela estava com o rosto muito vermelho e o cabelo solto nas costas. Nattrass, deitado na cama, os olhos dele se mexiam. Ele morreu na segunda após a Páscoa. A criança, Robert Robson Cotton, que morreu na quinta-feira anterior, estava deitada no mesmo quarto que Nattrass...

O relato dá uma boa ideia do clima na casa ao longo daquelas semanas sinistras. O cheiro da morte estava por todo o lugar, e o modo como Taylor descreveu Mary Ann, com o rosto avermelhado e descabelada, reforça os rumores sobre a fúria de uma assassina serial.

As duas mortes deixaram Mary Ann com um enteado, Charles Edward, que ela queria deixar em uma *workhouse*. Mas, dias depois de a instituição recusar o garoto, ele ficou doente e morreu. Todas essas mortes foram acompanhadas por médicos e todas classificadas como decorrentes de causas naturais. Contudo, havia uma pessoa no vilarejo que contestou o atestado de morte de Charles Edward: Thomas Riley. Suas queixas para a polícia desencadearam os eventos que culminaram com a prisão de Mary Ann Cotton.

Thomas Riley era membro notável da comunidade de West Auckland. Em 1851, trabalhava como açougueiro no vilarejo, mas, por volta de 1861, era também fazendeiro e empregava algumas pessoas em uma área de 40,5 hectares ao lado do açougue. Em 1871, quando Mary Ann chegou a West Auckland, ele tinha oito hectares de terra, e o açougue dele tinha se expandido para tapeçaria, mercearia e farmácia. Ele era casado com Margaret Riley, que não aparece no censo de 1871, mas, sim, no de 1881. Houve quem tivesse se confundido com isso, presumindo que ela estava morta quando Mary Cotton chegou ao local. O casal teve sete filhos. Em 1871, ele supervisionava, também, a assistência social da paróquia e a *workhouse*. Ele achou que havia algo de estranho na morte do jovem Charles Edward Cotton e apresentou sua queixa ao sargento Hutchinson e ao dr. William Byers Kilburn, médico da família Cotton.

O dr. Kilburn concluíra que o garoto tinha morrido de causas naturais, mas, depois da intervenção de Thomas Riley, o sargento Hutchinson conversou com o dr. Kilburn, e eles informaram o médico-legista sobre as suspeitas. Assim, foi negada a emissão de um atestado de óbito para Mary Ann na sexta-feira.

Todas essas mortes foram acompanhadas por médicos e todas classificadas como decorrentes de causas naturais. Contudo, havia uma pessoa no vilarejo que contestou o atestado de morte de Charles Edward: Thomas Riley.

O sargento Hutchinson apareceu na casa de Mary Ann no sábado, "em 13 de julho, disse à prisioneira que ele [o inquérito] ocorreria, ela me perguntou o motivo. Lhe disse que era por causa do médico que atendeu o garoto e que se recusou a emitir uma certidão para o enterro, e ela respondeu, 'as pessoas estão dizendo que eu o envenenei, mas não tenho culpa, eu fiz um pedido ao sr. Riley e à assistência social para mandá-lo para a *workhouse*, mas não consegui vaga. Também escrevi para um tio do garoto no sul para ficar com ele, mas ele também recusou. Sou só a madrasta e não tenho obrigação de ficar com ele, que me impedia de ganhar dinheiro. Tive muitos problemas já com a família Cotton, com tantos deles morrendo em tão pouco tempo'".

Um inquérito foi encomendado no dia seguinte à necropsia feita pelo dr. Kilburn no corpo do garoto.

Lembremos que o cadáver foi examinado em uma mesa na casa de Mary Ann. O cômodo era revestido por papel de parede verde, comum na época. O papel continha arsênico, que poderia se espalhar na atmosfera. Foi argumentado depois que qualquer contaminação de arsênico vindo das paredes poderia comprometer as amostras.

O inquérito foi presidido pelo legista do condado, Thomas Dean, e realizado no bar Rose and Crown, ao lado da casa de Mary Ann (o Rose and Crown fechou há muitos anos). Como o resultado do exame foi morte por causas naturais, o legista não teve outra opção a não ser aceitar as conclusões do dr. Kilburn. Depois de uma hora, o veredito foi que Charles Edward Cotton tinha morrido de causas naturais. Um atestado de óbito com essa conclusão foi emitido, e o corpo de Charles Edward foi enterrado. Mary Ann escreveu de imediato para Thomas Riley. Ela deixou claro que, como supervisor de assistência social, ele deveria providenciar o funeral do garoto, uma vez que ela não era capaz de fazê-lo.

[...] até então, ele mostrara certa falta de habilidade no rigor nos procedimentos. Contudo, declarou que o teste "...revelou indicações de presença de arsênico".

Thomas Riley não se opôs quanto ao enterro e fez os preparativos para que ocorresse na segunda-feira pela manhã, às custas da paróquia. Talvez Mary Ann, quando viu o caixão do enteado descer no túmulo, tenha pensado que seus problemas haviam acabado. Ela estava errada. Como Thomas Riley fazia questão de proferir sua recusa do veredito do inquérito como causas naturais, o vilarejo foi tomado por rumores. Mary Ann se tornou, então, o centro das atenções das fofocas. Depois do funeral de Charles Edward, Mary Ann se preparou para sair do vilarejo. Ela chamou um homem, Lowrey, que queria ser inquilino dela, e lhe explicou que queria se mudar. Perguntou se ele ficaria com a mobília dela por 10 libras. Ele a aconselhou dizendo que, se fosse embora, a fofoca só aumentaria, mas ela queria mesmo vender tudo, e ele aceitou comprar alguns itens. Ficaria com o que custasse até 3 libras, 19 xelins e 6 pence. Pagou de imediato 2 libras, 9 xelins e 6 pence e pagaria o restante em prestações. (No fim, o saldo foi quitado de uma vez só, depois que ela foi presa, para ajudá-la com os custos). Na terça-feira, Mary Ann tentou levantar mais dinheiro e ligou para uma amiga de longa data e ex-vizinha, a sra. Dodds. Ela ficou com um "xale de lã lindo, alguns vestidos de seda e outros itens", que custaram 5 libras na loja de penhores. A reserva para mudança de Mary Ann só aumentava, mas o tempo dela estava acabando.

Mary Ann estava furiosa com Thomas Riley e deixou claro a todos seu descontentamento. Surgiu também o boato, sem qualquer indício, de que Riley se sentia atraído por Mary Ann. É quase certo que Mary Ann Cotton não teria sido acusada, julgada, condenada e executada se ele não insistisse que o veredito de causas naturais estava errado.

Em resumo, Mary Ann tinha dado à luz mais de doze filhos e, já com 40 anos, era considerada velha para a época. A única criança por quem ela era responsável era o filho de Frederick Cotton, e ela havia deixado claro que não era filho dela. Antes de morrer, Joseph Nattrass planejava se casar com Mary Ann, e todos no vilarejo sabiam que eles tinham um relacionamento.

Também apareceu no vilarejo um fiscal chamado Quickmanning, citado na maioria dos comentários sobre Mary Ann Cotton. É dito que ele morou de aluguel na Brookfield House (registrada como Brookfield Cottage em várias reportagens) logo depois de Johnson Terrace. Era uma casa muito boa, com certeza melhor do que as outras que ficavam próximas. A construção existe até hoje. Sabemos que houve boatos de que o fiscal tinha algum interesse em Mary Ann. Um fiscal, com certeza, seria um bom partido para Mary Ann e a colocaria de volta no mesmo padrão social que tivera com James Robinson. Apesar de não haver provas de que os rumores eram verdadeiros, Mary Ann, com certeza, tinha intenções nesse sentido e, como o depoimento de Thomas Riley mostrou, ela não confirmou nem negou. Parece provável que o garoto, Edward Cotton, era um empecilho para as ambições de Mary Ann. O pedido dela para deixá-lo na *workhouse* fora a primeira tentativa de resolver o problema. Como não deu certo, a morte dele foi bem oportuna, e, além de tudo, Mary Ann queria receber o dinheiro do seguro. Mas a intervenção de Thomas Riley atrapalhou esses planos.

Dr. Byers Kilburn guardara uma amostra das substâncias do estômago de Edward Cotton extraídas na necropsia e, na quarta-feira depois do inquérito, ele a submeteu ao teste de Reinsch para arsênico. Esse teste demanda algumas condições bem precisas. A matéria a ser examinada deve ser misturada com uma quantidade de ácido hidroclórico em um recipiente limpo e ser exposta ao calor até atingir o ponto de fervura. Um pedaço limpo de lâmina de cobre deve ser adicionado à mistura, e qualquer resíduo de arsênico ficará grudado na lâmina. Kilburn realizou esse teste na casa dele, e não há garantias de que tentou evitar contaminações. Além disso, até então, ele mostrara certa falta de habilidade no rigor nos procedimentos. Contudo, declarou que o teste "... revelou indicações de presença de arsênico". Ele informou, então, o superintendente Henderson sobre a descoberta.

No dia seguinte, na quinta-feira, 18 de julho, Henderson foi até a casa da Front Street, onde Charles Edward Cotton morreu, e prendeu Mary Ann por assassinato.

Como os túmulos dos enterros da paróquia não eram marcados, vários corpos foram expostos.

O superintendente registrou um depoimento oficial que descreve o ocorrido: "Sou superintendente de polícia em Bishop Auckland. Em 18 de julho [quinta-feira] passado, recebi um mandado de prisão da prisioneira acusada pelo homicídio doloso de Charles Edward Cotton. Fui até a casa dela naquele dia, li o mandado e não recebi nenhuma resposta. Então, junto dos sargentos Harrison e Hutchinson e na presença do dr. Kilburn, vasculhei a casa em busca de veneno. Encontramos vários itens que foram submetidos ao dr. Kilburn e que, depois, foram lacrados, etiquetados e entregues ao sargento Hutchinson".

A história continua no depoimento do sargento Hutchinson já citado: "No dia 18 de julho passado, estava na companhia do superintendente Henderson e o auxiliei na busca na casa da prisioneira, onde recolhi das mãos dele alguns vidros de pó e pílulas que ele me entregou e que foram encontrados lá por nós. Os separei e lacrei".

Mary Ann foi levada para a delegacia de polícia em Bondgate, em Bishop Auckland, e, no dia seguinte, sexta-feira, 19 de julho, ela estava na cela do andar superior da delegacia, onde foi detida sob a custódia da prisão de Durham aguardando julgamento.

Naquela tarde, William Dale Trotter, o escrivão do Juiz de Paz em Bishop Auckland, escreveu para a Secretaria de Assuntos Internos solicitando uma ordem de exumação do corpo do jovem Charles Edward Cotton. A fundamentação apresentada foi a prova do dr. William Byers Kilburn. Apesar de o júri do inquérito ter dado o veredito de morte por causas naturais, surgiram suspeitas sobre as mortes de Charles Edward Cotton e dos outros membros da família. Os boatos, alimentados pelas matérias sensacionalistas dos jornais locais sobre a prisão de Mary Ann, transformaram a suspeita em certeza de culpa. Em 26 de julho, o sargento Hutchinson, Thomas Riley, dr. Kilburn, dr. Chalmers e outros se reuniram no cemitério da igreja de St. Helen's Auckland para exumar o corpo de Charles Edward Cotton.

Como os túmulos dos enterros da paróquia não eram marcados, vários corpos foram expostos. O corpo do garoto foi levado para uma casa abandonada nas proximidades. As vísceras e os tecidos removidos foram guardados em potes de vidro transparente pelo dr. Kilburn. Ele os fechou, os lacrou e os etiquetou. O estômago, que foi desenterrado do jardim de Kilburn, e o conteúdo que restou da análise também foram engarrafados. Uma amostra das fezes do garoto também foi incluída. Todo o material foi entregue ao sargento Hutchinson, que os levaria para o dr. Scattergood, em Leeds. Tudo isso foi registrado em depoimentos oficiais.

O depoimento de William Byers Kilburn diz: "Em 26 de julho, estive presente no cemitério de St. Helen's e acompanhei o caixão com o corpo do falecido [Edward Charles Cotton], que foi levado para uma casa abandonada no terreno ao lado. Abri o tórax e o abdômen e retirei as vísceras, que coloquei em frascos vazios limpos, fechei-os com rolhas limpas que foram amarradas e lacradas e, sob o lacre de cera de cada garrafa, coloquei uma tira de papel com meu próprio nome, etiquetei e numerei os frascos e os entreguei ao sargento Hutchinson. Um embrulho pequeno que recebi de Ann Dodds e que mantive trancado também foi entregue ao sargento Hutchinson, na mesma manhã, o estômago e outras partes que haviam sido enterradas no meu jardim pelo meu assistente, sr. Chalmers, foram guardados em frascos limpos, selados da mesma maneira que os demais e também entregues ao sargento Hutchinson. O restante do conteúdo do estômago foi guardado em frascos limpos, selados da mesma maneira que os demais e, também, entregues ao sargento Hutchinson".

No depoimento oficial do sargento Hutchinson, ele confirmou o depoimento do dr. Kilburn e prosseguiu: "Eu levei [os frascos de vidros e seu conteúdo] para Leeds no mesmo dia e entreguei ao sr. Lockwood, um pupilo do sr. Scattergood, na residência dele".

==O envio dos itens para Scattergood foi um grande revés para Mary Ann Cotton. Era o especialista mais proeminente em venenos na época. Se algo estivesse errado, ele descobriria.==

As investigações se voltaram, então, para o interrogatório de outros vizinhos que conheciam a família Cotton. A essa altura, Mary Ann Dodds, Phoebe Robson, Jane Hedley, Thomas Riley, Mary McKiever, Sarah Smith, Mary Tate, Mary Priestley, Jonathan Watson Townsend, o químico, sr. Lockwood de Leeds, assim como policiais e médicos, já haviam sido convocados para depor.

Imagens de 2012 do Brookfield Cottage (West Auckland) e Cemitério de St. Helen Auckland, onde os Cotton e Joseph Nattrass foram enterrados. Posteriormente, seus corpos foram exumados, como consta na página 105.

MARTIN CONNOLLY
MARY ANN
COTTON
LADYKILLERS PROFILE

09
CAPITULUM

DARK ANGEL

CAMINHO ATÉ O INQUÉRITO

Foi em 21 de agosto de 1872, em um cômodo elegante da delegacia de polícia de Bondgate, em Bishop Auckland, que Mary Ann Cotton compareceu à audiência em um Tribunal de Assize* sobre os eventos que levaram à morte de seu enteado de 7 anos, Charles Edward Cotton. Ela encarou dois magistrados, Hick e Jobson. Parecia calma e usou um lenço branco em volta do rosto durante a audiência.

A primeira a depor foi uma amiga e vizinha, Mary Ann Dodds, que, além disso, limpava a casa para Mary Ann. Ela confirmou sob juramento que conhecia Mary Ann Cotton por ser vizinha dela na Johnson Terrace e que fazia faxina para ela quando se mudou para Front Street. Deu um

---

* O termo original, *assizes*, refere-se a um procedimento legal que ocorria na Inglaterra até 1972. Eram cortes especiais que se reuniam em cada condado quatro vezes ao ano para julgar casos mais complexos de natureza civil e criminal. No caso de Mary Ann, este é um julgamento preliminar que poderia ou não se encaminhar para a próxima sessão do inquérito judicial (*assizes*) do condado. [NT]

relato da doença e a morte de Charles Edward Cotton. Explicou que deu banho no garoto e o colocou para dormir. Também confirmou que entregou ao dr. Kilburn o lenço com as fezes da criança.

> Por volta da hora do jantar, o assistente do dr. Kilburn veio e viu o garoto, e, lá pelas duas horas, fui até o consultório do dr. Kilburn pegar um medicamento que entreguei para Mary Ann. O medicamento era uma garrafa e um pó. No dia seguinte, estava na casa da prisioneira e vi o garoto. Lhe perguntei se estava melhor, ele não respondeu. Na quarta-feira, de novo, fui até a casa dela e vi o garoto Charles Edward Cotton, que estava dormindo. Pensei que estava pior e disse à prisioneira, "acho que ele não ficará muito mais tempo entre nós se continuar assim". O garoto, Charles Edward Cotton, morreu na sexta-feira de manhã, 12 de julho, e dei banho nele e o deixei deitado. Mary Ann me disse que o falecido teve convulsões por volta da meia-noite. O garoto morreu no sofá no andar de cima. Antes, ele dormia em uma cama com a prisioneira... Na época da morte, ninguém morava na casa além dela e do falecido, e a própria prisioneira cuidou do falecido.

Ela fez, então, uma declaração que se tornaria o tema principal do caso. O registro do depoimento oficial tem este trecho grifado por alguém (provavelmente da promotoria).

> Por volta de seis semanas antes da morte do garoto, estava na casa da prisioneira limpando e a ouvi pedir ao falecido [Charles Edward Cotton] para ir até a loja do sr. Townsend e comprar um *penny* de sabão em pó e arsênico. O garoto voltou e disse que o sr. Townsend não deixou que comprasse. A prisioneira [Mary Ann Cotton] pediu, então, que eu fosse e fui. O filho do sr. Townsend fez a mistura e me deu. Levei de volta para a prisioneira, e ela pediu que eu esfregasse o produto na cabeceira da cama para matar os insetos. Era uma cabeceira de ferro, a esfreguei com a mistura naquela noite e na manhã seguinte. Não usei todo o sabão com arsênico. Usei quase a metade e coloquei o que sobrou em uma caneca velha que deixei no peitoril da janela no depósito de lenha no andar de cima.

Ela prosseguiu e disse que Mary Ann Cotton estava com medo de que lhe tirassem o auxílio da paróquia e que estava muito difícil de mantê-lo. Ela também confirmou que Mary Ann queria deixar a criança na *workhouse*. Declarou, ainda, que perguntou a Mary Ann: "se era verdade que o sr. Mann, o fiscal, se casaria com ela se não fosse por Charley como estavam dizendo. Ela [Mary Ann Cotton] disse que o sr. Mann gostava muito do garoto e o achava adorável".

Ela concluiu assim o depoimento: "Nunca vi a prisioneira maltratar o garoto, mas a ouvi falar de forma ríspida com ele".

A audiência se voltou, então, para Thomas Riley. Ele estava em uma cruzada pessoal contra Mary Ann e queria garantir que todo mundo soubesse o que ele pensava: "Sou supervisor da assistência social da paróquia, comerciante e tecelão. No sábado, 6 de julho, vi a prisioneira [Mary Ann]. Pedi que ela cuidasse de um paciente com varíola, e respondeu que não poderia porque o falecido [Charles Edward Cotton] a deixava 'amarrada' em casa. Também me disse que tinha pedido para o tio do falecido levá-lo, mas ele se recusou. Ela disse, ainda, que era muito difícil ficar com o garoto, já que não era seu filho, e que teria a chance de receber um inquilino respeitável se o menino não estivesse com ela. Também declarou que tinha inscrito o garoto para ser entregue à *workhouse*, mas o pedido foi recusado e que queria, portanto, que eu desse um jeito de colocá-lo na *workhouse*. Lhe disse que ele não poderia ir para a *workhouse* a menos que ela fosse junto. Também falei à prisioneira 'suponho que você vai se casar com o sr. Mann, o fiscal'. Ela respondeu que talvez, só que o garoto era um empecilho, mas ele partiria como os outros. Eu disse que era 'bobagem', que o rapazinho parecia bem saudável. Na sexta-feira seguinte, estava passando pela casa da prisioneira às 6 da manhã, e ela estava parada na porta aparentando perturbação. Lhe perguntei o que tinha acontecido. Ela disse que o garoto estava morto e me pediu para entrar. Me recusei. Foi um grande choque ouvir que o menino tinha morrido e questionei 'você não está dizendo que o garotinho que eu vi sábado à noite está morto?'. E então fui embora. Depois, procurei a polícia e dei informações sobre a morte do garoto".

Foi um testemunho poderoso porque dizia que Mary Ann via a criança como um fardo do qual gostaria de se livrar. Ele deixou clara a incredulidade que sentiu ao ouvir que a morte teria sido de causas naturais, na esperança de que os magistrados pensassem da mesma forma. O testemunho de Riley foi o último do dia. A audiência foi adiada porque Kilburn não estava disponível.

No dia seguinte, sexta, o dr. William Byers Kilburn foi a primeira testemunha. Diante do tribunal lotado, ele confirmou sob juramento seu depoimento oficial: "Eu o vi por último [Charles Edward Cotton] no fim da tarde do dia 11 de julho. Por volta das 18 horas, tinha vômitos, dor no estômago e o intestino solto, o rosto dele estava branco como uma vela e o pulso a 120...".

Ela disse que o garoto estava morto e me pediu para entrar. Me recusei. Foi um grande choque ouvir que o menino tinha morrido [...]

O médico enviou um remédio naquela manhã, "amônia em efervescência de ardósia". A visita das 18 horas foi em resposta a uma mensagem de Mary Ann, dizendo que o garoto vomitara o remédio. Ele deu a Mary Ann, então, outro remédio, "bismuto e ácido hidrocólico" e "uma mistura com 8 mg de morfina", que deveria ser tomado de manhã e à noite. Essa foi a última vez que o dr. Byers viu Edward Cotton vivo. Ele continuou declarando que realizara "uma necropsia". A descrição do exame é um relato bem detalhado e visual sobre o estado do corpo e dos órgãos: "Fiz a autópsia do corpo do falecido [Charles Edward Cotton]. A aparência externa era de um quadro de emagrecimento com boa dose de distensão nas entranhas. Não notei contusão ou marca de violência externa. Abri o tórax, os pulmões estavam muito aderentes às paredes do tórax, e havia alguma congestão no pulmão esquerdo. A aderência era indicativa de inflamação antiga persistente. O coração estava bem saudável. Procedi, então, a abertura do abdômen e encontrei o estômago distendido por gases".

Ele falou, a seguir, sobre o estômago: "Amarrei as extremidades do estômago para o conteúdo não vazar. Então, o órgão foi removido, aberto e o conteúdo colocado em um jarro". Prosseguiu: "Examinei o estômago com o microscópio pequeno que tinha no bolso e vi duas ou três partículas de um pó branco, que pensei se tratar de resíduo do último remédio que prescrevi. Minha opinião, no momento, foi que a criança morreu de causas naturais [o depoimento original tem marcação e grifo nesse ponto]. Como não tive tempo antes do inquérito do legista [agendado para duas horas depois] para fazer qualquer análise do conteúdo do estômago, baseei minha conclusão principalmente nos textos de muitos autores da medicina que dizem que aquela mesma aparência do estômago é produzida pela ação póstuma do suco gástrico nas camadas do órgão".

Ele se referiu, de novo, à manhã de sexta-feira, quando visitou o garoto doente e pediu amostras de fezes; confirmou que Mary Ann Dodds lhe deu um lenço com excrementos. Ele disse que o lenço, as fezes e algumas vísceras foram mandados para Leeds. Declarou, então, que pegou o estômago, parte do fígado e do conteúdo do estômago, "um fluido de aparência escura de 140 a 170 gramas". Esses itens permaneceram lacrados na casa dele. Quando ouviu que o júri do inquérito do legista solicitou uma análise, enterrou o conteúdo do estômago e as outras vísceras no jardim e guardou o estômago.

Depois, ele contou os detalhes do teste que fez na quarta-feira para detectar arsênico. Por fim, confirmou que todas as amostras de tecido e fluidos foram seladas e entregues ao sargento Hutchinson para serem entregues ao dr. Scattergood em Leeds.

Kilburn ficou em uma posição delicada. Tinha uma reputação a zelar, e a conclusão inicial de que a morte fora por causas naturais, que se manteve mesmo depois do inquérito, lhe deixava com uma imagem de incompetente. Ficou óbvio que, se dependesse apenas do exame executado por ele, não haveria suspeitas sobre Mary Ann. Foram a insistência de Riley de que ocorrera um crime e a fofoca que não parava de crescer que desencadearam a investigação sobre o envolvimento de Mary Ann.

O dr. Chalmers, assistente de Kilburn nas proximidades de Evenwood, fez seu relato sobre as visitas frequentes ao garoto enquanto estava doente. Ele se esforçou para ressaltar que *ele* não prescrevera qualquer remédio. Alegou que Charles Edward sofria de febre tifoide e que os remédios indicados deveriam melhorar a estado dele, mas "não tiveram nenhum efeito". Seu testemunho confirmou que houve cinco visitas dos dois médicos. Ambos estavam convencidos de que tudo era consequência natural da doença. Mary Ann insistiu para que os dois acompanhassem o garoto e pediu remédios que melhorassem a saúde dele. Tal comportamento levanta dúvidas sobre a culpa dela e o papel que desempenhou na morte do menino. Ela, de modo algum, tentou impedir que os cuidados que despendia ao menino passassem por uma análise externa.

Contudo, o próximo a depor era o dr. Scattergood.

Ele vivia na Park Square Leeds, no número 41, com dois filhos e duas filhas, além do assistente, Lockwood, e três empregados. Segundo suas credenciais, era "cirurgião e professor de medicina forense e toxicologia em Leeds", dito para reforçar a validade de suas conclusões. Ele confirmou a logística das amostras vindas de Kilburn: foram entregues ao assistente, o sr. Lockwood, que as recebeu do sargento Hutchinson. Detalhou os itens catalogados e registrados por Kilburn. Todos os frascos e os conteúdos "estavam protegidos". Declarou: "... examinei o estômago, partes dos intestinos, baço, rins, coração e partes do pulmão e do fígado, que foram registrados como do falecido. O item número 6 referia-se a um lenço que se alegou conter as últimas fezes do falecido. Examinei e analisei todas as peças e...". Ele prosseguiu com o relato sobre os indícios: "... inflamações daquele tipo são produzidas por um veneno que causa irritação".

> **Kilburn ficou em uma posição delicada. Tinha uma reputação a zelar, e a conclusão inicial de que a morte fora por causas naturais, que se manteve mesmo depois do inquérito, lhe deixava com uma imagem de incompetente.**

Depois, abordou em específico a possibilidade de febre tifoide como a causa da morte: "Examinei com cuidado o intestino delgado para ver se havia algum dos sinais que são característicos de febre tifoide, mas não havia indicação, o estômago e o intestino delgado estavam bem preservados, de forma que a aparência das inflamações era bem distinta".

E, então, a prova que apresentou impactou em cheio Mary Ann: "Encontrei arsênico no conteúdo do estômago e intestino e, também, nos tecidos do estômago, do fígado, dos pulmões, do coração e dos rins. Não encontrei nenhum resíduo no baço. Havia manchas marrons nas fezes no lenço e, lá, também encontrei arsênico".

Ele foi preciso sobre as quantidades encontradas: 32 mg de arsênico branco ou ácido arsênico no estômago e por volta de 13 mg nos demais tecidos. Confirmou que os itens recolhidos pela polícia na casa de Mary Ann não continham arsênico. Depois, deixou bem clara sua opinião: "Creio que a morte foi causada por envenenamento por arsênico".

Esse especialista muito eminente concluiu que Charles Edward Cotton morreu de envenenamento por arsênico.

Sr. Hicks, o magistrado, se voltou para Mary Ann e perguntou se tinha algo a dizer sobre as provas apresentadas até então. Ela se comportou de forma muito contida nesse momento e proferiu um simples "não" como resposta.

Não havia outro caminho. Mary Ann Cotton seria encaminhada ao inquérito judicial de Durham pelo assassinato de Charles Edward Cotton por envenenamento por arsênico.

O ofício de acusação foi redigido e lido da seguinte forma:

> Mary Ann Cotton é acusada perante o signatário, Juiz de Paz de Sua Majestade no e para o Condado de Durham, neste vigésimo terceiro dia de agosto do ano de Nosso Senhor, mil oitocentos e setenta e dois, porque a dita Mary Ann Cotton, em ou por volta do décimo primeiro dia de julho de 1872, no município de West Auckland, no condado supracitado, foi responsável por administrar de forma criminosa ou por induzir Charles Edward Cotton a tomar uma quantidade de certo veneno mortal chamado arsênico com o intuito de praticar naquele momento e ali, de forma deliberada e mal-intencionada, o homicídio premeditado do dito Charles Edward Cotton e praticou, então e ali, e assim de modo deliberado e premeditado, o homicídio doloso do dito Charles Edward Cotton.

O texto foi seguido pela lista tradicional de testemunhas e provas apresentadas diante de Mary Ann, que foi questionada se gostaria de dizer algo. A resposta dela foi registrada: "Não desejo dizer nada".

Ela assinou de próprio punho: Mary Ann Cotton.

Essa conclusão, por si só, não a condenava. O que ainda precisavam provar é que ela havia administrado o veneno de forma deliberada.

Ampliou-se o interrogatório de testemunhas, e foram colhidos depoimentos oficiais de outras pessoas que conheciam Joseph Nattrass ou que tiveram contato com quaisquer outras supostas vítimas. A lista de testemunhas do Ministério do Interior* incluiu: George Vickers, Thomas Hall, Elijah Atkinson, John Ayre, Robert McNaughton, George Hedley, alguns carvoeiros, além de James Young da empresa Prudential Insurance e Thomas Detchon, um farmacêutico de Newcastle. Os dois irmãos Taylor, que foram inquilinos de Mary Ann com Nattrass, também depuseram. Foi solicitado ao médico de Joseph Nattrass, Thomas Charlton Richardson, que fizesse um relato sobre a doença de Nattrass. Trechos do depoimento original dele também estão sublinhados quando alega dúvidas sobre a morte, apesar de não ter falado nada na época.

No que dizia respeito à opinião pública, todos já tinham as provas necessárias da culpa de Mary Ann. A notícia se espalhou por Bondgate, e os boatos corriam soltos pela cidade quando Mary Ann teve de andar até a estação de trem de Bishop Auckland sob o escárnio da multidão. Mary Ann, com a reputação já marcada por várias acusações, tinha, no imaginário coletivo, sido declarada culpada pelo especialista. Ela se tornou o "monstro" que os pais usariam para assustar as crianças que se comportavam mal.

Apesar do peso das provas já elencadas, William Dale Trotter, escrivão de justiça em Bishop Auckland, não se furtou em procurar outras mais. Os jornais publicaram artigos questionando a história de Mary Ann, e o público estava convencido de que haveria outras mortes a encargo de Mary Ann Cotton. Em 5 de setembro, Trotter escreveu para a Secretaria de Assuntos Internos solicitando que, em nome da justiça, fosse realizada uma

---

* O Ministério do Interior, Home Office em inglês, é um departamento ministerial britânico responsável, entre outras atividades, pela segurança dos cidadãos e do país, com ações em áreas que vão desde repressão a drogas ilegais até controle de imigração e prevenção de incêndios. [NT]

investigação mais profunda sobre a morte de outras pessoas na casa de Mary Ann. Ele desejava, e conseguiu, permissão para exumar o corpo de Joseph Nattrass.

Foi na manhã do sábado, 19 de setembro, que a igreja da paróquia de St. Helen's Auckland acompanhou outra exumação. O sacristão não tinha certeza sobre o local onde fora enterrado o corpo de Nattrass, e sete túmulos foram abertos até o corpo ser encontrado. O sargento Hutchinson e Thomas Riley confirmaram que o corpo era de Nattrass: "Sou sargento de polícia em West Auckland e participei da exumação dos corpos em St. Helen's Auckland no dia 14 de setembro de 1872. Nesse dia, o corpo de Nattrass foi exumado. Havia uma placa no caixão, onde se lia 'Joseph Nattrass morto em 1º de abril de 1872 aos 35 anos'. Fiquei com a placa, e ela encontra-se sob minha guarda desde então. O corpo foi identificado por Thomas Riley assim que foi exumado".

"Encontrei arsênico no conteúdo do estômago e intestino e, também, nos tecidos do estômago, do fígado, dos pulmões, do coração e dos rins."

O dr. Kilburn fez descrição quase idêntica no depoimento. Acrescentou que, apesar do estado de decomposição, tanto a cabeça quanto o corpo foram "reconhecidos com facilidade por amigos", o que sugere que havia outras pessoas presentes no cemitério. A aparência de Nattrass também foi descrita por Kilburn como de "cabeça robusta e com formato quadrado peculiar que era, também, careca". Ele descreveu o que aconteceu com o corpo depois da exumação: "Procedi com a abertura do corpo, e, por dentro, os pulmões estavam congestionados, hepatizados e com consistência firme. Havia bastante fluido cor de sangue escurecido na cavidade do peito. O coração estava vazio e saudável, e as válvulas estavam saudáveis. O estômago foi retirado intacto, e a parte inferior dele estava com aparência marrom avermelhada por fora, em especial por volta do piloro. Os intestinos estavam um pouco distendidos por gases, continham quantia considerável de matéria fecal e havia marcas de vermelhidão no intestino grosso. A vermelhidão externa tinha aparência amarronzada, continha quantia pequena de fluidos como fezes e foi extraída intacta ao longo de todo o comprimento para fins de análise. O pâncreas estava saudável, o baço bem macio e o fígado continha partículas pequenas de degeneração calcária na superfície e no interior. Exceto por isso, estava saudável. Os rins estavam saudáveis exceto pelo direito, que estava muito atrofiado. A bexiga estava vazia e saudável por dentro. A julgar pela aparência externa das vísceras, sou da opinião de que há indícios fortes de envenenamento por arsênico".

Qualquer pessoa que tenha vivido com Mary Ann e morrido na mesma casa foi considerada vítima em potencial.

Nessa época, o bom doutor estava apto para ver elementos no corpo de Nattrass que fora incapaz de notar quando examinou o corpo do garoto Charles Edward Cotton. Com base nas opiniões de Scattergood sobre o menino, Kilburn se sentiu livre para sua análise; sem nenhum teste, afirmou que o arsênico estava presente.

As amostras do corpo foram guardadas em frascos limpos, bem como a amostra de terra colhida próximo da cabeça de Nattrass. O estômago foi colocado entre duas placas; e os pacotes, entregues ao sargento Hutchinson, que os levou para Leeds e entregou pessoalmente para dr. Scattergood.

Scattergood confirmou, mais uma vez, a logística das provas e disse que recebeu as amostras de Hutchinson em 16 de setembro. Ele validou a análise de Kilburn de que os órgãos estavam saudáveis, exceto o estômago, declarando que "o reto estava igualmente inflamado". Descreveu o estado dos intestinos e dos conteúdos acrescentando a informação crucial de que "nenhuma das características indicava febre tifoide".

Encerrou o relatório com duas declarações importantes: "Examinei a terra do cemitério, não continha nenhum traço de arsênico. Pela aparência do que observei e pelo resultado da análise, não tenho dúvidas de que o falecido morreu de envenenamento por arsênico. Emito essa opinião com muita confiança. Não sou capaz, julgando pelo que observei, de dizer se o envenenamento foi por uma ou mais doses".

O magistrado em Bishop Auckland ficou, então, convencido de que outras mortes precisariam ser investigadas. O escrivão, Trotter, oficiou a Secretaria de Assuntos Internos em 25 de setembro, citando uma carta que acompanhou o relatório de Scattergood: "Não há dúvidas de que Nattrass foi envenenado com arsênico. Encontrei quantia considerável da substância no estômago e nos intestinos, algo entre 260 e 320 mg ainda na forma de um pó não dissolvido em todas as vísceras".

Ele solicitou a exumação de três corpos: de Frederick Cotton Senior e dos dois filhos, Frederick Junior e Robert Robson Cotton. Alegou que foram recebidas informações sobre o passado de Mary Ann que causavam preocupações. Em 1º de outubro, o superintendente Henderson mandou um relatório ao Ministério do Interior. O documento abordava boa parte do que já falamos sobre a vida de Mary Ann antes de chegar a West Auckland. O superintendente se deu ao trabalho de destacar as partes do texto que indicavam suspeitas de envenenamento. Ressaltou, também, que Robinson, o único marido que sobreviveu, proibira Mary Ann de fazer um seguro de vida no nome dele. Trotter estava ansioso para exumar outros cadáveres em Sunderland. O Ministério do Interior não se opôs, mas alertou que os corpos estariam em um estado muito avançado de decomposição devido ao tempo que estiveram enterrados. Assim, foi dada permissão para exumá-los no cemitério de St. Helen's.

As exumações começaram às 5 horas sob a coordenação de Joseph Drummond, o sacristão da igreja de St. Helen's Auckland, em 15 de outubro. Havia um grupo considerável de pessoas durante os procedimentos. O dr. Kilburn da região teve a companhia de outro dr. Kilburn de Middlesbrough, assim como o dr. Easby, de Darlington; o dr. Smith, do Asilo Sedgefield; o dr. Manson, de Howden, próximo a Crook; o dr. Thwaites de Bishop Auckland e um dr. Hinds. Alguém pode se perguntar por que havia tantos médicos. Pode ser que, com tantas mortes sob suspeita de envenenamento, quisessem garantir que não houvesse erros no reexame dos corpos. Além dos profissionais da saúde, o reverendo S. J. Butcher supervisionou os procedimentos acompanhado pelo superintendente Henderson, pelo sargento Hutchinson e, é claro, por Thomas Riley. Os corpos das crianças da família Cotton foram identificados com rapidez. O jovem Frederick foi reconhecido pelo gorro escocês Glengarry com que foi enterrado. Eles reviraram por um bom tempo toda a área do cemitério, mas o corpo de Frederick Cotton Senior não pôde ser encontrado. A essa altura, o frenesi dos jornais aumentava, e o passado de Mary Ann era vasculhado. Periódicos como *The Gazette*, *Lloyds London Weekly*, *The Chelmsford Chronicle* e alguns jornais locais deram destaque ao assunto. Um exemplo típico da cobertura é esta matéria do *Manchester Evening News* de 2 outubro:

Envenenamento em série em West Auckland

Mary Ann Cotton, presa em Durham acusada de envenenar o enteado em West Auckland, parece ser culpada de muitos outros assassinatos. Uma ordem da Secretaria de Estado foi recebida, solicitando a exumação de mais três corpos, além dos dois já desenterrados. Além do veneno encontrado no corpo do enteado da acusada, o sr. Scattergood, de Leeds, também encontrou uma quantidade mortal de arsênico no corpo de um inquilino da mulher, de nome Nattrass, cuja morte ocorreu após a dos enteados. O corpo do garoto foi mantido na casa por um bom tempo depois da morte, e a mulher, antes de Nattrass morrer, falou "ele (Nattrass) subiu as escadas, mas nunca descerá até que o tragam carregado". O homem morreu reclamando de dor terrível no estômago. A ordem do Secretário de Estado, que acabou de chegar, é para exumar o corpo de Frederick Cotton, marido da acusada, que morreu doze meses atrás, Frederick Cotton, filho dele, de 10 anos, que morreu em março (outro dos enteados), e o próprio bebê dela, de 14 meses, que também morreu em março. A mulher se casou quatro vezes, usando, em uma das vezes, um nome falso. Os dois primeiros e o último marido estão mortos, mas é dito que o terceiro está vivo. Foi demonstrado que a mulher comprou veneno em várias ocasiões. Nas diferentes localidades em que viveu no condado de Durham, é dito que houve diversas mortes de pessoas próximas a ela, e pequenas quantias em dinheiro foram recebidas de benefícios sociais. Ela tem entre 30 e 40 anos de idade.

Qualquer pessoa que tenha vivido com Mary Ann e morrido na mesma casa foi considerada vítima em potencial. James Robinson foi entrevistado pelo *Sunderland Times*, e o relato dele confirmou, na opinião de muitos, a maldade de Mary Ann Cotton, que passou a ser retratada como devassa e predatória. No meio disso tudo, começaram a surgir preocupações de que Mary Ann talvez não recebesse uma audiência justa. Até mesmo a Secretaria de Assuntos Internos de Londres foi alertada a esse respeito por H.I. Marshall, um morador de Durham que denunciou a visão tendenciosa dos jornais. A Secretaria, sem interesse de restringir os jornais, desconsiderou as denúncias.

As conclusões de Scattergood foram definitivas. Todas as mortes que investigou foram causadas por envenenamento de arsênico.

Como feito anteriormente, os corpos foram levados a uma casa próxima à igreja e examinados. O dr. Kilburn colocou as amostras de tecidos em frascos e vários órgãos entre placas. Tudo isso foi entregue ao sargento Hutchinson, que, por sua vez, os repassou ao dr. Scattergood em 16 de outubro. Ele realizou os exames de rotina e as análises nas partes que mostravam sinais de inflamação. Ele notou que "eram bem típicos da ação de arsênico". Mais uma vez, ele deixou claro que o atestado de óbito original estava errado. "Examinei o intestino delgado com muito cuidado em busca de sinais de febre tifoide, e não havia nenhum indicativo dessa doença."

Ele prosseguiu descrevendo o exame e as análises, e o resultado foi claro: encontrou arsênico em todas as vísceras e em alguns fluidos corporais. A conclusão dele foi, mais uma vez, que a morte de Frederick Cotton Junior foi decorrência de envenenamento por arsênico.

O exame das amostras do corpo do bebê Robert Robson Cotton passou por análises similares. Ele foi muito claro em seu parecer: "Minha opinião é que a morte de Robert Robson Cotton foi causada por envenenamento por arsênico. Se ele tivesse morrido por convulsões devido à erupção dentária [a causa da morte original no atestado], não teria encontrado os sinais com que me deparei. Não tenho dúvidas de que a causa da morte foi a que declarei".

As conclusões de Scattergood foram definitivas. Todas as mortes que investigou foram causadas por envenenamento de arsênico.

O falatório se tornou frenético nos jornais. West Auckland virou o epicentro jornalístico de todo o Reino Unido. Até os jornais de Guernsey trataram da história.

Por volta de 11 de novembro, estava tudo pronto para se dar andamento às acusações dos quatro homicídios que teriam sido praticados por Mary Ann Cotton. Trotter solicitou a ordem de *habeas corpus* ao Ministério do Interior para trazer Mary Ann de Durham para se apresentar diante das testemunhas cujos depoimentos foram colhidos pelos policiais. A ignorância de Trotter sobre alguns aspectos da lei foi evidenciada quando deixaram claro para ele que o Ministério do Interior não podia emitir uma ordem dessas e que ele deveria solicitá-lo ao juiz local. Contudo, Mary Ann estava em um estágio avançado da gravidez, e o parto seria em menos de dois meses. Ela estava sob os cuidados do médico da prisão de Durham, o dr. William Boyd, que emitiu um atestado para Trotter: "Atesto que Mary Ann Cotton, prisioneira na prisão de Durham, está grávida de sete meses, e seu estado de saúde é tal que, exceto pela gravidez, poderia ser transportada para Bishop Auckland. Entretanto, é incerto o tempo pelo qual ela estará apta".

Trotter escreveu, então, ao Ministério do Interior solicitando que o julgamento fosse adiado até os inquéritos de primavera de Durham. Com isso, se seguiu um debate sobre quem arcaria com os custos envolvidos. Sugeriu-se que as audiências ocorressem na prisão de Durham, mas foi considerado impraticável. O adiamento foi concedido, mas dinheiro não era um problema exclusivo do departamento de justiça. Mary Ann também estava com dificuldade de financiar a defesa dela.

Parecia que todos estavam contra Mary Ann. Os jornais foram tomados por manchetes sensacionalistas, e a população expressava sem pudor opiniões vingativas. Sua prisão aguardando o inquérito de Durham era, sem dúvida, uma sentença de morte, porque parecia que não havia ninguém a seu lado. Porém, isso não era verdade. Como seria visto mais tarde, algumas pessoas ainda estavam dispostas a auxiliar Mary Ann.

Fundo para a defesa de Mary Ann Cotton

A prisioneira Mary Ann Cotton, que aguarda julgamento por homicídio doloso de quatro pessoas no inquérito de Durham, que se iniciará na próxima segunda-feira, está sem recursos para pagar sua defesa.

Várias pessoas influentes expressaram o desejo de que se arrecadassem fundos para permitir que ela tenha o julgamento justo previsto em nossa constituição.

Um comitê foi formado com a intenção de contratar advogados. Qualquer um que desejar terá a oportunidade de contribuir para o fundo de defesa.

O sr. John Leng, Sun Inn, 2, High Bondgate, Bishop Auckland, fez a gentileza de se prontificar para receber as doações em nome da prisioneira.

Como há pouco tempo disponível para preparar a defesa, os interessados devem fazer a gentileza de enviar de imediato as doações.

A defesa de Mary Ann foi desastrosa. Houve discussões sobre o dinheiro que John Leng, do Sun Inn, arrecadou e de como foi usado. E houve, também, a questão da ineficiência de seu representante legal de Bishop Auckland, Smith. Ele se encarregou de ir até a vizinha de Mary Ann, a sra. Dodds, e exigir que ela lhe entregasse o recibo do penhor de um xale, vestidos e outros itens que pertenciam a Mary Ann. Ele também resgatou com Manning, o responsável pela alfândega, um relógio de prata que guardou para ela. Esse era o relógio que Nattrass havia deixado para ela em testamento. De acordo com o sr. Lowrey, ex-inquilino de Mary Ann, Smith pegou a mobília e outros itens e os vendeu em Bishop Auckland por 13 libras. Lowrey também comprou algumas peças e deu a Mary Ann uma parte do pagamento, o restante ele entregou a Smith, para a defesa dela, algo em torno de 7 libras. Depois da primeira audiência, Smith disse que não restou nada. Mais tarde, da prisão, Mary Ann escreveu o seguinte:

Contratei Um homem que Chamam de Smith pensei que ele Era um advgado da primeïra ves Cuando ele veio pegou Por volta de £20 pro meu primeiro cazo ele disse no dia que Fui jugada Em Auckland e não Era pra Falar Nada E que sr. Blackwell e Greenhow Tariam lá pra me defender Quando Entrei na sala dele não Tinha niguém la por mim o Juize I ndicou um dvogado. devo dizer que ele era esperto se ele tivesse feito Minha defesa teria Ganhado o jugamento.

Em 11 de março de 1873, ela escreveu sobre Smith para uma vizinha conhecida de longa data, que deve ter escrito para ela depois do julgamento. É possível que se trate de Mary Ann Dodds, a vizinha e faxineira que passou muito tempo com ela:

> Mas smith me Enganou disse pra não falar Nenuma palavra se Perguntasem então se Nem tive nada pra Dizer que Tava Errado o que Todos tavam fazendo em durham ele nunca Troxe Testemunha pra mim ele sabe Que eles Tão Atraz não só a criança mas de mim própria não Quero nada além da verdade.

Isso foi levantado na audiência de Mary Ann em Bishop Auckland. O sr. Trotter, o escrivão do magistrado, citou a questão quando se dirigiu ao juiz: "Meritíssimo, a prisioneira deseja fazer um pedido a Vossa Excelência. Ela declara que uma pessoa de nome Smith, autorizada por ela, vendeu toda sua mobília para pagar a defesa. Ele não está aqui, não pôde ser encontrado, e ela não possui dinheiro algum".

Uma bagunça completa, a equipe de defesa original era uma desgraça. O advogado, Chapman, deveria, em princípio, cuidar da defesa de Mary Ann. Mas nunca participou das audiências nem do julgamento em Durham. No lugar, indicou o secretário, Smith, que, como vimos, pegou o dinheiro e deu péssimos conselhos. Ele a aconselhou a não dizer nada e não fazer nada. Smith nem mesmo compareceu à audiência. O comportamento de Chapman ao indicar um secretário para não ser visto em público com Mary Ann sugere que era inexperiente demais para o caso e que não queria ser associado a uma notoriedade daquele porte. Ele informou Mary Ann que deixaria o caso e que ela deveria procurar outro advogado. Foi por isso que o sr. Charles Murray, de Stockton, contatou George Hedley, vizinho de Mary Ann, pedindo que entrasse em contato com os amigos da acusada e lhe prometeu que teria um advogado apto em Durham. Ele escreveu:

> Se você puder fazer a gentileza de colocar os amigos de Mary Ann Cotton em contato comigo o mais rápido (respondendo a esta carta se possível), agirei para fazer com que essa mulher seja defendida por um advogado capacitado [ênfase dada aqui por Murray] no inquérito judicial de Durham que está por vir.

A carta está no arquivo da polícia e foi divulgada no jornal *Northern Echo* na matéria sobre as audiências em Bishop Auckland. Smith foi responsável pela defesa patética na primeira audiência. Não há registros de que ele tenha entrado em contato em algum momento com Charles Murray, de quem nunca mais se ouviu falar.

A imprensa divulgou uma nota da prisão de Durham, que mostrava a autorização dada a Smith para a venda da mobília e para a retirada dos itens com a chave da casa dela que estava com o sargento Hutchinson. Mary Ann não deu a ele qualquer outra autorização para retirar os recibos de penhor com a sra. Dodds ou para pegar o relógio com Manning.

> Prisão de Durham, 28 de julho de 1872
> Por meio deste autorizo o sr. George Frederick Smith a retirar e vender minha mobília — Mary Ann Cotton.

> Recebido do sargento Thomas Hutchinson, a posse da mobília de Margaret (sic) Cotton; também a chave da casa. 30 de julho de 1872 — Geo F. Smith.

Mary Ann permaneceu presa em Durham. O Natal de 1872 deve ter sido bem triste com a gravidez avançada e ciente de que a perspectiva de futuro era das piores. Ela se sentia abandonada pelos advogados de defesa, e as pessoas que esperava que a visitassem a ignoraram. Durante o inverno severo que teve início em 1873, Mary Ann Cotton deu à luz uma garota no confinamento solitário da prisão de Durham. A certidão de nascimento do bebê confirma que nasceu em 7 de janeiro de 1873, na prisão do condado em Durham. O bebê recebeu o nome de Margaret Edith Quickmanning Cotton. A certidão de nascimento é interessante porque Mary Ann não assina o documento, no espaço reservado para a assinatura marca um "x", mas sabemos que ela sabia escrever. O documento não apresenta o nome do pai, e no espaço que indica a mãe está: "Mary Ann Cotton, antes Mowbray, antes Robson". O sobrenome Ward não aparece, tampouco Robinson. Mary Ann deve ter dado essa informação, e só podemos especular o motivo de não serem citados. É evidente que os jornais ficaram eufóricos com esse desdobramento, com o fato desse "monstro" ter gerado uma criança. Um dos jornais locais, *The Morpeth Herald*, cobriu o evento.

> Será lembrado que Mary Ann Cotton, levada a julgamento pelos magistrados de Bishop Auckland há cerca de três meses sob a acusação de envenenar o filho Charles Edward Cotton, não foi processada perante o sr. Denman nas audiências de inverno do condado de Durham, em dezembro, por estar, na época, confinada à cama; e, assim, declarou-se que três ou quatro acusações de envenenamento contra ela seriam adiadas por causa do parto iminente, que ocorreu na última sexta-feira, quando a amaldiçoada deu à luz uma menina.

Apesar de presa, Mary Ann cuidou da filha durante o julgamento e, enquanto havia esperança, não a abandonou. A chegada do bebê abriu o caminho para o processo seguir. O juiz de Bishop Auckland contatou a Secretaria de Assuntos Internos, em 7 de fevereiro de 1873, para informar que havia provas para os quatro casos de homicídio por envenenamento e que Mary Ann poderia ser considerada envenenadora em série. Três dias depois, a Secretaria de Assuntos Internos concordou e declarou que, dada a gravidade do caso, o advogado do governo* deveria assumir o processo, decisão que foi recebida como um insulto ao judiciário local. Em 6 de março, o *The Manchester Daily News* publicou esta matéria:

---

* No original, *Solicitor to the Treasury*. "Solicitor" é um cargo que atua em instâncias inferiores do sistema legal britânico (que tem estrutura diferente do sistema brasileiro). Ele atende o cliente e prepara documentos, mas geralmente não advoga em juízo, função reservada ao *barrister*. [NE]

Sir John Coleridge e os envenenamentos de West Auckland

Segundo o *Daily News,* Sir John Coleridge havia comandado a petição do caso de envenenamento de West Auckland a ser entregue a um Conselheiro eminente da Rainha, sobre quem o pior que pode ser dito é que não se trata do procurador-geral do condado de Palatine of Durham. Os juízes do circuito judicial* do norte britânico acreditam que o cavalheiro titular do cargo foi passado para trás, e eles levaram o assunto tanto a sério que a "Junior", como se referem internamente, contrariando o cronograma estabelecido, realizou uma sessão especial no domingo para discutir a questão. O resultado dessa discussão foi uma carta curta e não muito bem escrita da "Junior" ao Procurador-Geral, na qual ele foi solicitado a reconsiderar a determinação, sob pena de ser considerado culpado de insultar o Procurador-Geral de Durham e o Circuito do Norte britânico. A resposta de Sir John foi escrita com muito bom humor; mas passa longe da sua habilidade costumeira quando embasa sua defesa na ausência de qualquer direito do Procurador-Geral de Durham para comandar a acusação em questão. A reclamação infundada é uma mera violação do protocolo profissional que o circuito representa com o vigor de um guardião da profissão em Sheffield. É suficiente saber que Sir John promete seguir o protocolo no futuro, caso tenha a oportunidade de assumir um processo semelhante, uma contingência que, com o otimismo que lhe é característico, considera muito improvável.

Os juristas brigavam como cães por um osso por aquele que sabiam se tratar de um caso muito importante e cujo resultado, com base nas provas, parecia evidente. Enquanto isso, Mary Ann ficou desamparada pelos advogados de defesa. Os depoimentos colhidos pelos policiais seriam, então, postos à prova na sessão pública do tribunal, e, naquelas audiências que ocorreriam em Bishop Auckland, não haveria ninguém para defendê-la apropriadamente.

---

* No original, *circuit courts* são distritos judiciais de apelação do direito comum (*common law*), equivale à segunda instância. O Northern Circuit foi criado em 1176. [NE]

Por volta das 6 horas da manhã de uma sexta-feira, Mary Ann foi preparada para fazer a viagem da prisão de Durham até Bishop Auckland. Ela e a bebê foram acompanhadas por Thompson Smith, carcereiro-chefe, e pela cozinheira Margaret Robinson, que era, de acordo com todos os relatos, muito gentil. Mary Ann usava um vestido preto elegante de algodão e chapéu preto ornamentado com crepe. Portava, também, um xale xadrez preto e branco, com o qual o bebê foi coberto na viagem.

O grupo pegou o trem na estação de Durham. A notícia sobre a viagem se espalhou, e as pessoas se reuniram na estação para ver a prisioneira notória. Muitos outros curiosos apareceram nas estações ao longo do trajeto, todos querendo espiar a "envenenadora de West Auckland", como tinha sido apelidada. Em Bishop Auckland, o carcereiro esperou todos os passageiros saírem da plataforma, um ato simples de decência para proteger Mary Ann de qualquer ataque imediato. Foi providenciada uma carroça grande para levar o grupo até o tribunal. Uma multidão considerável seguiu pelas ruas, durante o trajeto da estação até o tribunal, gritando e xingando.

Trotter comandou a audiência e transformou o evento em um espetáculo — estava determinado a ter seu momento de fama. Providenciou uma fileira de cadeiras para a sala do tribunal e as chamou de "primeira classe". Distribuiu ingressos para as pessoas importantes que gostariam de ver de perto a mulher. A área da "segunda classe" foi ocupada pelos meros mortais, que permaneceram em pé. Trotter também reservou espaço para dezesseis jornalistas.

Um deles trabalhava no periódico local, o *Northern Echo*, e, em 22 de fevereiro de 1873, fez uma descrição detalhada do momento em que Mary Ann se sentou no tribunal.

O interesse do público, contudo, estava centrado na sra. Cotton, que ocupou a cadeira de frente para os magistrados. De um lado da prisioneira estava a cozinheira da prisão; do outro, o editor de um semanário contemporâneo. A sra. Cotton e a cozinheira se alternaram nos cuidados da criança, no geral, muito comportada. Como é natural, havia bastante curiosidade sobre a aparência da acusada. Algumas caricaturas maldosas retratando o rosto dela circularam pela imprensa, as quais, decerto, não foram nada fiéis. A sra. Cotton não é uma mulher muito atraente, mas suas feições não são, nem de longe, tão feias quanto foi sugerido. O cabelo preto, escovado para trás partindo da testa pequena e um pouco retraída, estava preso em uma rede. Os olhos castanhos, na maior parte do tempo, estavam fixados na testemunha da vez, brilhando de vez em quando com curiosidade por aquele que passasse entre ela e a bancada. Os lábios finos apertados davam um ar altivo para as feições. O único traço desagradável era o olhar astuto. A pele era branca e lisa. Apesar de ter se casado quatro vezes, só usava uma aliança de casamento. Para aqueles que se interessam pelo figurino, ela trajava um vestido preto de algodão, um xale xadrez e um chapéu ornamentado com crepe. Permaneceu calma e concentrada, com consciência plena da situação grave em que se encontrava, mas, de forma alguma, descompensada. Seu bebê, a infortunada mortal que chegou ao mundo no dia 10 de janeiro [a data está errada], é escura, com cabelo preto. Vestia chapéu tradicional de cetim com detalhes em rosa. Estava enrolada em um xale, como a mãe. A sra. Cotton não cuidou da criança o tempo todo. Às vezes, ela ficava com a cozinheira. A criança era muito quieta e se satisfazia bem com a amamentação. A cozinheira, que se sentou ao lado da prisioneira, de tempos em tempos explicava as questões técnicas que, é evidente, deixavam as acusações confusas. A prisioneira, lamentamos informar, não tinha advogado.

Esse texto oferece um bom retrato de Mary Ann, sentada indefesa, vítima da curiosidade. Sem advogado para representá-la, ela dependeu da acompanhante para ajudá-la a compreender os procedimentos. Fica a dúvida se isso pode ser chamado de justiça.

O juiz, por fim, deu início à sessão às 11 horas, e a primeira acusação contra Mary Ann foi apresentada e dizia que, em 1º de abril de 1872, ela havia assassinado de maneira premeditada Joseph Nattrass, de 35 anos.

Trotter assumiu o palco. Ele relatou para os magistrados que atuava em nome do advogado do governo, que assumira o processo contra a prisioneira e que contribuiria para o próximo inquérito em Durham. Ele não começou sua abordagem pelo caso de Nattrass; tratou, primeiro, da motivação geral da audiência, que consistia em examinar se havia um caso *prima facie** para levá-la a julgamento ou até para emitir um mandado para prendê-la por outros assassinatos. Ele declarou que não detalharia as provas, mas faria um panorama dos casos.

Trotter afirmou que Mary Ann teve quatro maridos. Em uma das vezes, ressaltou, ela se casou enquanto o marido anterior ainda estava vivo. Três deles morreram enquanto estavam com ela. A história de Frederick Cotton e dos três filhos dele foi apresentada para os magistrados. Eles foram elencados, e Trotter deixou registrado que Mary Ann já havia cometido o assassinato de Charles Edward, sendo que a morte das duas outras crianças fazia parte do inquérito atual. Ele retratou uma mulher ligada diretamente a várias mortes, em uma delas, inclusive, era suspeita de ser a assassina. Ele falou sobre os inquilinos de Mary Ann, como Joseph Nattrass, de cuja morte trataria a partir de então.

Havia, também, provas de natureza médica que demonstrariam um envenenamento lento por arsênico.

Ele descreveu a vítima como um carvoeiro que adoeceu quinze dias antes de morrer. Nattrass queixou-se de enjoo a vários colegas, mas não conseguia vomitar. Alguns dias antes de morrer, ficou de cama e foi tratado pelo dr. Richardson, que o diagnosticou com febre entérica. Trotter disse que chamaria uma testemunha que atestaria a doença e o sofrimento de Nattrass. Havia, também, provas de natureza médica que demonstrariam um envenenamento lento por arsênico. Trotter informou que os corpos de Nattrass e das duas crianças da família Cotton foram exumados por ordem do Secretário de Estado e que o conteúdo das vísceras foi encaminhado para o dr. Scattergood, de Leeds, que atestou que os três, "sem sombra de dúvida", morreram de envenenamento por arsênico. Trotter sabia que esse fato, por

---

* *Prima facie* é uma expressão latina que significa "em seu primeiro encontro" ou "à primeira vista". No contexto jurídico, é usada para se referir a uma evidência ou conjunto de fatos que, se não forem refutados, são suficientes para provar uma determinada reivindicação ou conclusão. [NT]

si só, não era suficiente para levar Mary Ann a julgamento pelos assassinatos e ele deixou claro que as provas eram "circunstanciais". A questão era: quem administrou o arsênico? Trotter disse que seria demonstrado que a única resposta possível a essa pergunta era a prisioneira, uma vez que fora a única que cuidou de Nattrass. Ele alegou que, quando os vizinhos quiseram levar alimentos para ele, Mary Ann os expulsou. Segundo Trotter, ele demonstraria, também, que Mary Ann estava em posse de arsênico alguns poucos dias após da morte de Nattrass. Referiu-se, então, à testemunha que declararia que ela disse que não enterraria Robert Robson Cotton, que morrera em 28 de março e deveria ser enterrado no sábado, 30 de março, até que Nattrass morresse. Ele comentou que ela encomendou meias para o enterro antes da morte do inquilino. Essas e outras circunstâncias provariam que ela "sabia de algo que era desconhecido pelos demais", sabia que Nattrass morreria. Trotter, então, passou a chamar as testemunhas.

O primeiro a testemunhar foi George Vickers, colega de trabalho ou "parceiro" de Joseph Nattrass. Ele atestou que conhecia Nattrass, confirmando que trabalharam juntos na mina de West Auckland: "Cerca de três dias antes de Nattrass abandonar o trabalho, ele reclamou que estava doente. Disse que sentia muito enjoo, mas não vomitava. Também se queixou de estar com diarreia, sentiu uma torção nas entranhas e vomitou. No último dia em que esteve no trabalho, saí da mina com ele. Me falou do enjoo, da diarreia e da dor de estômago. Ele estava muito mal no último turno em que trabalhamos juntos".

Thomas Hall, que era o supervisor na mina, confirmou que Nattrass trabalhou para ele. Atestou que visitou Nattrass, no domingo anterior à morte, na casa da prisioneira. Quando esteve lá, viu Mary Ann cuidando dele. Thomas Musgrave, outro operário, também estava lá: "Mary Ann estava no quarto. Falei com Nattrass. Ele disse que estava muito mal. Não reclamou de nenhum sintoma em especial. Quando fui vê-lo de novo no domingo, percebi que havia uma criança morta em um caixão no mesmo quarto que Nattrass. Perguntei a sra. Cotton e para outra mulher chamada Smith por que não enterraram a criança. A sra. Cotton respondeu que não pretendia enterrar a criança uma vez que Nattrass não viveria muito tempo. Concluí, a partir disso, que pretendia enterrá-los juntos. Ele faltou vários dias no trabalho antes de morrer. Acho que foi mais de uma semana. Conhecia Nattrass fazia quinze ou dezesseis anos. Ele sempre foi bastante saudável".

Phoebe Robson, esposa de William Robson, vizinha de Mary Ann, foi chamada na sequência. Afirmou que conhecia a prisioneira havia algum tempo e que frequentava a casa dela. Também conhecia Nattrass e confirmou que ele fora inquilino de Mary Ann por quatro ou cinco meses, tendo se mudado depois que o marido dela, Frederick, morreu. Ela fez um relato similar da doença e dos sintomas, como Vickers e Hall. ==Uma parte importante do testemunho, para Trotter, foi a seguinte:== "Nattrass morreu na segunda de Páscoa, 1º de abril. O filho da prisioneira, Robert Robson Cotton, morreu na quinta-feira anterior. A criança foi enterrada no domingo de Páscoa, e Nattrass morreu na segunda de Páscoa. A sra. Cotton se manteve muito próxima a Nattrass. Não saiu do lado da cama em nenhum momento durante a doença. Estava sempre por perto, não permitiu que mais ninguém cuidasse do homem. Muitas vezes disse à prisioneira que seria melhor para Nattrass se tivesse alguma ajuda. Ela disse que ele não podia tomar nada. Nunca a vi dando nada para ele. Durante a doença, ele teve convulsões. Essa foi a última etapa da doença dele".

Ela, depois, descreveu que ele foi segurado com força durante as convulsões e contou, de forma bem explícita, que ficou com as mãos "enroladas" — isso é, os punhos bem fechados —, os dentes rangiam, revirava o "branco dos olhos", repuxava as pernas e enrijecia o corpo. Esses detalhes foram mencionados ao dr. Richardson. O médico, segundo ela, dissera que "não compreendia essas convulsões". ==Depois, ela acrescentou detalhes que colaborariam mais uma vez com a tese de Trotter:== "Estava presente quando minha cunhada, Sarah Smith, perguntou para a prisioneira se ela enterraria a criança [Robert Robson] no sábado. A prisioneira respondeu que esperaria até domingo. No domingo, ela disse que deixaria do jeito que estava, já que Nattrass não viveria muito tempo, e ela poderia enterrar os dois juntos".

Questionada pelos juízes, acrescentou: "A primeira vez que vi as convulsões foi na quinta-feira anterior à morte de Nattrass. Desconheço qualquer composto que tenha sido trazido por Jane Hedley".

Sarah Smith, esposa de William Smith, carvoeiro, e cunhada de Phoebe Robson, deu seu testemunho. Ela apresentou a doença de Nattrass de forma similar, dando os mesmos detalhes e, também, o mesmo relato explícito das convulsões que a cunhada já citara. Disse que visitou Nattrass todos os dias enquanto ele esteve doente: "A prisioneira ficava sempre em cima de

Nattrass e quase não o deixava só. Não permitiu que mais ninguém cuidasse dele. Perguntei se Nattrass poderia tomar um pouco de caldo de carne, e ela disse 'não'. Vi Nattrass tomar chá duas vezes, e ele sempre estava bebendo algo. A prisioneira sempre lhe dava as bebidas. Nattrass reclamava muito de sede. Ela possuía dois bules pequenos de chá na mesa e o que ela lhe dava saía desses bules ou de um vidro".

Seguiu com a descrição da visita do dr. Richardson, que, quando soube das convulsões, perguntou: "Que tipo de convulsões são? Ele sempre tem convulsões quando não estou aqui".

"Os sintomas que observei eram consistentes com envenenamento por arsênico e eram típicos da administração de arsênico. Não prescrevi arsênico."

Ela se referiu às meias mencionadas por Trotter: "No sábado anterior à morte de Nattrass, eu estava na casa da prisioneira quando Charles Edward Cotton chegou com um par de meias. A prisioneira me perguntou se, caso algo acontecesse com Nattrass, eu não tinha um par que servisse nele".

Jane Hedley, esposa de outro carvoeiro que visitava com frequência a casa de Mary Ann, foi a próxima. Ela, também, fez descrição similar sobre a doença de Nattrass, acrescentando que ajudou naquela época. E falou sobre o papel de Mary Ann: "Durante sua doença, a prisioneira cuidou dele e era presença constante ao seu lado. Não vi mais ninguém cuidando. Ela lhe dava tudo que pedia".

Ela descreveu as convulsões com detalhes parecidos aos das outras testemunhas. Falou, também, das conversas com o dr. Richardson, quando discordaram sobre a doença de Nattrass. Nattrass tentou dizer ao médico que não tinha "febre", mas o dr. Richardson disse que sabia do que estava falando e que as visitas dele não adiantavam. Hedley disse que estava presente durante a última convulsão de Nattrass, quando ele morreu. Ela deu detalhes da conversa que teve com Mary Ann: "Na quinta-feira, antes de Nattrass morrer, a prisioneira me disse que Nattrass falou que ela, a prisioneira, deveria ficar com o relógio e dinheiro do Club [Lodge],* uma vez que era a melhor amiga dele. No mesmo dia, a prisioneira me pediu para conseguir uma carta para pegar o dinheiro do falecido no Club [Lodge]. Eu vivia a umas seis casas de distância de Mary Ann na época. Logo depois da morte de Nattrass, por volta de uma semana, a prisioneira estava na minha casa me ajudando com a limpeza. Ela pediu que fosse à casa dela pegar um pote que estava na prateleira da dispensa. Disse que havia sabão e arsênico no pote. Fui lá, peguei e mostrei para a prisioneira. Ela confirmou que era aquele mesmo e que precisava limpar as camas com aquilo. A prisioneira pegou um pouco do conteúdo e passou na parede. Havia por volta de duas colheres de sopa no pote quando levei para casa, e a prisioneira usou só uma pitada. Guardei o pote por um tempo e, depois, entreguei para Phoebe Robson".

[...] precisou seguir de carroça até o tribunal e foi cercada por uma multidão, que apareceu para observar e ofender o monstro de quem todos falavam.

Trotter estava usando esse testemunho para mostrar que, antes da morte de Nattrass, Mary Ann tinha acesso a arsênico e que ela possuía um motivo para matá-lo.

Foi solicitado que Elijah Atkinson desse seu depoimento. Ele confirmou a profissão como sapateiro vivendo em West Auckland. O censo de 1871, contudo, indica que era "guarda-chaves". Ele vivia próximo à antiga casa de Mary Ann, na Johnson Terrace, com a esposa, Elizabeth. Ele assinou o depoimento, ao contrário de outros que apenas fizeram um rabisco. Ele foi chamado em 28 de março de 1872, provavelmente porque sabia escrever e por ser testemunha "independente". George Hedley, marido de Jane Hedley, estava com ele. Ele disse aos juízes que tinha perguntado especificamente para Nattrass se ele queria deixar tudo para a

---

* Odd Fellows Lodge é uma organização independente de apoio mútuo, e suas estruturas são parecidas com as lojas da Maçonaria. [NT]

prisioneira. Nattrass falou que "aquele era o desejo dele, que não tinha amigos que tivessem cuidado dele". Atkinson escreveu um testamento, no qual Nattrass fez sua rubrica; Atkinson e George Hedley testemunharam e o entregaram a Mary Ann. A inclusão dele na lista de testemunhas foi, sem dúvida, para mostrar um motivo para o assassinato. Ele listou a herança no testamento: "Nattrass tinha um relógio pendurado na cabeceira da cama, 10 libras no Odd Fellows Club [Lodge], que fica na Dun Cow, Shildon. O dinheiro seria pago na ocasião da morte dele, algo de que estava ciente. A prisioneira estava presente durante todo o tempo em que eu redigi o testamento".

John Ayre, carvoeiro, acompanhou Atkinson. Ele era funcionário do Odd Fellows Lodge, em Shildon. Era responsável pelos pagamentos dos valores devidos a doenças ou funeral de seus membros. Ayre disse que, quando recebeu a notícia da morte de Nattrass, apurou que a vítima tinha direito a 10 libras pelo funeral e 15 xelins pela doença. Como a prisioneira alegou ter direito ao dinheiro, ele pagou a ela 5 libras e 15 xelins. Robert McNaughton, colega dele no Lodge, também carvoeiro, testemunhou a entrega das 5 libras a George Hedley que seriam repassadas a Mary Ann. Ambos declararam que não foi emitido recibo, uma prática do Lodge. George Hedley confirmou que recebeu o dinheiro e que o entregou à prisioneira. Ele foi chamado novamente para depor e confirmou que ela lhe pediu que fosse a Odd Fellows Lodge pegar o dinheiro de Nattrass e que ele conseguiu uma certidão de óbito com o dr. Richardson para solicitar o dinheiro.

O dr. Richardson foi chamado na sequência e relatou o tratamento de Nattrass e disse acreditar ter sido chamado por Mary Ann. Por causa dos sintomas descritos, ele prescreveu morfina em uma mistura efervescente, mas não viu o paciente. Foi encontrá-lo na terça-feira e, de novo, deu morfina. Lhe foi dito na quarta-feira que Nattrass teve convulsões, mas Nattrass não se lembrava; então, por causa das dores constantes, ele prescreveu bicarbonato de sódio, ácido cianídrico e carbonato de lítio. Ele viu Nattrass todos os dias depois disso, até o momento da morte; na quinta-feira, ele mudou os remédios para morfina e acetato de chumbo. Nos dois últimos dias antes da morte dele, Nattrass parecia melhorar aos poucos e achou que se recuperaria. Ele nunca testemunhou as convulsões e não acredita que aconteceram. Não observou nada que indicasse isso. Encerrou o depoimento com uma declaração estranha: "Os sintomas que observei eram consistentes com envenenamento por arsênico e eram típicos da administração de arsênico. Não prescrevi arsênico".

Foi um testemunho extraordinário. Se ele observou sinais consistentes com envenenamento por arsênico, por que entregou a George Hedley um atestado de óbito declarando que se tratara de morte por causas naturais? A última frase, sem dúvida, mostra o dr. Richardson se eximindo de qualquer culpa pela morte.

Dr. Kilburn deu seu depoimento, que já destacamos, confirmando que estava presente na exumação do corpo de Nattrass, na remoção do conteúdo das vísceras, que foram enviadas ao dr. Scattergood, que, por sua vez, confirmou o relatório analisado antes. Depois, declarou para os juízes o que já havia escrito no relatório: "Examinei a terra do cemitério, não continha traços de arsênico. Pelo que observei e pelo resultado das análises, não tenho dúvidas de que o falecido morreu de envenenamento por arsênico. Emito essa opinião com plena convicção. Não posso, julgando a partir do que observei, afirmar se o veneno foi administrado em uma ou mais doses".

Durante a audiência, perguntaram a Mary Ann se ela queria fazer alguma pergunta à testemunha, e ela se recusou. Assim, a acusação foi lida para ela, dizendo que, no dia 1º de abril de 1872, ela "de maneira criminosa, premeditada e maliciosa, assassinou e matou Joseph Nattrass". O documento da acusação registrou que, quando indagada, Mary Ann respondeu, "Não tenho nada a dizer no momento". O registro da audiência mostra que ela não convocou nenhuma testemunha, mas, quando indagada se havia alguma testemunha que deveria ser intimada para defendê-la, ela citou três pessoas: Jane Hedley, George Hedley e Elijah Atkinson. O superintendente Henderson observou que eram testemunhas da acusação, e Trotter deliberou que poderiam ser reconduzidos caso não tivessem sido questionados. O coronel Hall perguntou a Mary Ann se os chamaria naquele momento, e ela respondeu, de novo, "não".

Mary Ann, sem representante legal e seguindo os péssimos conselhos de Smith, o advogado dela, ficou à mercê do sistema. Ela não sabia nada dos procedimentos legais nem das consequências de não convocar testemunhas para a audiência. Mesmo assim, ela foi, então, submetida um julgamento por dois homicídios.

Antes de a sessão se encerrar, Trotter informou aos juízes que desejava dar início aos outros dois casos que seriam apresentados. Queria chamar Jane Hedley de novo, porque a saúde dela não estava boa, e ele preferiria que ela não retornasse na próxima terça-feira. Assim, começou a apresentar os casos de Frederick Cotton Junior e Robert Robson Cotton, duas acusações de homicídios praticados por Mary Ann.

O depoimento de Jane Hedley foi curto. Ela deu alguns detalhes da doença de Robert Robson Cotton, a idade e o fato de que o dr. Kilburn o atendeu. Ela disse, também, que os sintomas da doença de Joseph Nattrass, Robert Robson Cotton e Frederick Cotton "eram muito parecidos" e "apenas a prisioneira cuidou deles". Com isso, a sessão foi encerrada até a terça-feira seguinte.

Mary Ann foi levada pelo superintendente Henderson ao Sun Inn para almoçar no meio do dia. O dono da hospedaria estava envolvido na arrecadação de fundos para a defesa dela. (O Sun Inn foi, tempo depois, desmontado tijolo a tijolo e reconstruído no Museu Beamish, onde os visitantes podem observar como era na época de Mary Ann e conhecer a hospitalidade do local). Às 18h15, Mary Ann, com o bebê, o carcereiro e a cozinheira, embarcaram no trem para Durham.

Mary Ann deve ter passado o fim de semana pensando na situação. Ela participou de duas audiências e ouviu seus vizinhos e amigos contarem histórias que, como deve ter percebido, a colocavam em uma situação péssima. Nos três dias seguintes, em que permaneceu na prisão de Durham, sua mente deve ter ficado muito ocupada refletindo que, na terça-feira, começaria tudo de novo.

O clima na terça-feira, 25 de fevereiro, estava terrível. Uma tempestade de neve veio do norte e cobriu a área de Durham. Mas os preparativos para a viagem de Mary Ann para Bishop Auckland prosseguiram. O carcereiro e a cozinheira a acompanharam como antes; o bebê também foi, enrolado no xale. A jornada de trem permitiu que Mary Ann visse a neve que cobria a fazenda e a escuridão dos vilarejos carvoeiros ao longe. Ela deveria estar focada no dia a seguir e sabia que ouvir os relatos das mortes de duas crianças, em especial a do filho de 14 meses, não seria agradável. Mais uma vez, quando chegou a Bishop Auckland, precisou seguir de carroça até o tribunal e foi cercada por uma multidão, que apareceu para observar e ofender o monstro de quem todos falavam.

O cenário no tribunal foi o mesmo da sexta-feira anterior, dessa vez com muito mais pessoas na "segunda classe". Ao início da audiência, foi abordado que Mary Ann ainda não tinha representante legal. Os magistrados, coronel Hall, dr. John Jobson e major Hodgson estavam na bancada. Disseram que o sr. Smith fora indicado como advogado e que o viram do lado de fora do tribunal, mas ele não estava presente. Trotter informou aos magistrados que foram levantados recursos com a venda das posses da prisioneira e entregues a Smith; Trotter, em seu favor, disse ser preferível que ela tivesse um representante por causa das tecnicalidades e das questões jurídicas envolvidas. O coronel Hall disse que, se Smith foi pago, ele deveria estar ali. Thompson Smith, o carcereiro, disse que o advogado recebeu por volta de 20 libras da prisioneira e que ficou desapontado por ele não estar na audiência de sexta-feira; Mary Ann, contudo, não reclamou. Smith esteve na audiência de agosto tomando notas, mas não está claro para que usou o dinheiro. Os juízes ordenaram que fosse trazido. Os juízes foram informados de que o sr. Charles Russell Q.C.* seria o representante da promotoria no inquérito de Durham, e o coronel Hall garantiu a Mary Ann que um advogado de defesa seria designado em Durham.

O início do julgamento demonstrou com clareza que Mary Ann não teve uma audiência preliminar justa. Smith e Chapman agiram de forma vergonhosa; não só pegaram o dinheiro dela e a deixaram na mão, como também pareciam agir contra ela. Os jornais falaram bastante do tema, e as matérias os retratavam como charlatões.

Após esse preâmbulo, a audiência começou. O primeiro caso a ser analisado era o de Frederick Cotton Junior. Trotter falou o nome da criança, a data da morte e seu parentesco com Mary Ann — enteado.

Sarah Smith foi a primeira a ser chamada. Confirmou ser vizinha próxima de Mary Ann e conhecê-la desde a chegada dela a West Auckland, por volta de quatro meses antes de Frederick Cotton Senior morrer. Disse que

---

* Q.C. é a abreviação de Queen's Counsel, ou seja, Conselheiro da Rainha. São juristas indicados pela Coroa Britânica para comandar os casos que envolvem o governo. [NT]

Mary Ann chegou com o marido e os filhos, um enteado chamado Frederick, outro de nome Charles Edward, e o filho, Robert Robson. Lembrou-se de Frederick ter ficado muito doente e morrer. "Ele morreu em um domingo no começo de março". Uma semana antes da morte dele, ela esteve na casa da prisioneira e viu um garoto deitado no sofá e lhe perguntou se passava mal. A prisioneira disse que ele estava, de fato, indisposto. Smith relatou que voltou à casa no dia seguinte, quando a prisioneira lhe chamou. O garoto ainda estava no sofá e parecia muito doente e fraco. Ela perguntou à prisioneira do que o garoto estava reclamando e lhe foi dito que era "dor no intestino e mal-estar generalizado". Mary Ann disse que esperava que ele não estivesse com varíola. Smith relatou que o garoto teve ânsia, mas não vomitou e estava com aparência bem abalada. Ela aconselhou a prisioneira a procurar o médico, mas Mary Ann disse que já havia chamado. No dia seguinte, Smith foi de novo até a casa da prisioneira, e o garoto estava na cama e bem pior. A prisioneira tentava estancar o sangramento de uma ferida de sanguessuga do lado direito do intestino dele. O garoto estava doente, vomitando e reclamando de sede. Ela relatou algo que depois seria comentado por outra testemunha: "A prisioneira lhe dava bebidas, e, várias vezes, ele vomitava depois de beber. As bebidas eram servidas de uma chaleira, mas não sei o que tinha nela".

> **"Com base no exame póstumo e nas análises que fiz em Leeds, tenho convicção de que há sintomas de envenenamento por arsênico e não vi nenhum sinal de febre tifoide, mas não examinei a parte do intestino delgado, que indicaria a presença da doença."**

Ela continuou falando que o assistente do dr. Kilburn, dr. Chalmers, atendeu o garoto e estancou os sangramentos das sanguessugas. O garoto foi purgado. Ele reclamava com frequência de dor no estômago e nos intestinos. Ela confirmou que estava presente quando ele morreu, meia-noite e cinco, no domingo. ==Na sequência, deu os detalhes que Trotter queria ouvir:== "A prisioneira cuidou do doente o tempo todo, lhe deu bebida e a vi lhe dando chá e torrada, mas ele não conseguiu comer a torrada. Não vi ninguém além da prisioneira fazendo nada com o falecido".

Ela comentou sobre o garoto ter pedido para vestir o gorro Glengarry quando morresse. Ela ajudou a colocar o garoto no caixão e a colocar o gorro. (Esse acessório ajudou no reconhecimento do cadáver na exumação). Ela disse que Jane Hedley levou um bolo de frutas na noite do sábado que antecedeu a morte do garoto. E que o garoto estava muito doente na manhã de domingo, e, depois que ele morreu, Mary Ann pediu chá, e um pedaço do bolo foi servido. Ela terminou falando que Mary Ann pediu que o sr. Atkinson fosse rezar pelo garoto, e ele rezou.

Phoebe Robson também deu seu testemunho. Confirmou que era vizinha da prisioneira. Também declarou que, até a Páscoa do ano anterior, "vivera sob o mesmo teto que a prisioneira na Johnson Terrace". Ela fez um relato similar ao de Sarah Smith sobre a doença do garoto. Ela perguntara à prisioneira o que o garoto tinha e lhe foi dito que ele estava com febre tifoide. Segundo seu testemunho, apenas Mary havia cuidado do garoto: "Não vi a prisioneira ou qualquer outra pessoa dando ao falecido nada para comer ou beber. A prisioneira estava sempre ao lado do falecido. Vi conhaque e dois bules. Um perto da cabeceira da cama e o outro em cima da lareira".

==Depois, ela confirmou ter comido um pedaço de bolo de frutas com a prisioneira após da morte do garoto.== Mencionou, também, que o gorro foi colocado na cabeça dele. Ela encerrou comentando que "não foi preparado nenhuma comida para o falecido".

Jane Hedley estava no tribunal, apesar de ter sido dito que não compareceria. O depoimento dela confirmou que a prisioneira pediu que buscasse um bolo de frutas com especiarias em Bishop Auckland. Ela fez a seguinte insinuação: "ela [a prisioneira] não explicou o motivo".

Elizabeth Atkinson foi a próxima e confirmou ser vizinha da prisioneira. Disse que se lembrava da doença e da morte de Frederick Cotton Junior. Afirmou estar na casa na quarta-feira anterior à morte dele. Perguntou ao garoto, na presença da prisioneira, se ele podia tomar alguma coisa, mas não obteve resposta. E perguntou a ela onde estava o marido e disse que gostaria de rezar com ele. Ela contou que voltou para casa, fez mingau de arroz e mandou para a casa da prisioneira. Ela mesma não voltou lá até o sábado. A prisioneira estava presente, e Atkinson perguntou ao garoto como estava. A prisioneira respondeu que ele tinha se debatido muito durante a noite. Atkinson perguntou ao garoto mais uma vez se queria tomar algo e ele disse "sim". Ela disse que voltou para casa, preparou um pouco de caldo de carne e levou na casa da prisioneira: "A sra. Cotton ainda estava lá. Coloquei o caldo na mesa. O falecido falou 'obrigado, sra. Atkinson'. A prisioneira disse que ele não tomaria, e eu comentei, 'bem, é um momento inoportuno'. Senti uma tristeza e saí".

"Então, eu disse à sra. Cotton, 'a criança está morrendo. Quem eu devo chamar?'. E ela respondeu, 'ninguém'."

Declarou, então, que, em uma das visitas, perguntou à prisioneira se o garoto poderia tomar algo, e ela respondeu que "não adiantaria nada". Então, falou de um detalhe consistente aos outros testemunhos: "Deitei o falecido e o vi ser posto no caixão. Ele estava com o gorro Glengarry. Reparei em dois bules de chá no quarto, um deles estava na lareira. Sei que os bules eram usados e a prisioneira serviu as bebidas com eles".

Foi nessa hora que o escrivão do advogado, Smith, foi trazido. Ele fez uma breve declaração de que o dinheiro arrecadado tinha sido usado apenas para o caso de Nattrass. O presidente daquele tribunal ficou revoltado com Smith. Retrucou a declaração com ironia e perguntou se não era, também, para "dedicar umas horas" ao caso do dia. Smith respondeu com uma palavra: "não".

Kilburn fez o juramento para dar seu testemunho. Ele confirmou que foi chamado em 4 de março de 1872 para ver Frederick Cotton Junior. Notou que se tratava de um garoto por volta dos 10 anos de idade. Acrescentou que o menino estivera doente por vários dias, com dores nos intestinos, inchados com a pressão. Ele tinha vomitado, mas a prisioneira disse que não foi muito: "Ele tinha sede e um semblante de ansiedade, a língua estava seca e vítrea, recorri ao tratamento para febre tifoide. Apliquei sanguessugas e encomendei uma mistura de bismuto, bicarbonato de potássio e algumas gotas de ácido cianídrico".

Ele retornou à casa em 6 de março e encontrou o garoto ainda sofrendo com enjoo, mas sem tanta ânsia. Mandou criar uma bolha no estômago do garoto (o cataplasma de bolha era uma aplicação da era vitoriana para causar uma bolha na pele. Acreditavam que isso aliviaria os sintomas do paciente com base na crença antiga de que o corpo não poderia ter duas doenças de uma vez. Substâncias como mostarda ou pimenta eram usadas com frequência para esses fins. O tratamento não tinha efeito algum). Ele afirmou que continuou com as visitas ao garoto até a morte, no dia 10 de março. Ele se protegeu de acusações de ser culpado por qualquer envenenamento por arsênico: "Não havia arsênico ou preparado de arsênico em nenhum dos remédios que dei a ele".

Então, se voltou para a exumação do corpo do garoto no cemitério da igreja St. Helen's, em 15 de outubro de 1872. Segundo suas descrições, o solo era aluvial e úmido. O caixão estava em bom estado de preservação. Quando o caixão foi aberto, viu o gorro Glengarry na cabeça do cadáver. Ele descreveu a retirada das vísceras e a forma como as amostras foram guardadas e lacradas. Confirmou que as entregou ao sargento Hutchinson. Também confirmou o envio de amostras de solo para Leeds. Ao que parece, nessa ocasião tinha ido até Leeds para acompanhar o exame dessas amostras feito pelo dr. Scattergood. Ele encerrou o depoimento confirmando a nova causa da morte: "Com base no exame póstumo e nas análises que fiz em Leeds, tenho convicção de que há sintomas de envenenamento por arsênico e não vi nenhum sinal de febre tifoide, mas não examinei a parte do intestino delgado, que indicaria a presença da doença".

É uma declaração estranha de um especialista em medicina que alega não ter provas da causa da morte que tinha atestado antes e, ainda assim, admite não ter examinado a parte do intestino em que tal prova poderia ser observada.

Archibald Chalmers prestou, então, seu depoimento para confirmar que não prescreveu nenhum remédio e que preparou o que tinha sido prescrito por Kilburn. Ele declarou: "Não havia arsênico nos remédios, minha suposição é que ele estava sofrendo de febre tifoide; se fosse mesmo essa doença, os remédios que prescrevi deveriam aliviar o sofrimento, mas não surtiram efeito".

Thomas Hutchinson depôs em seguida para confirmar que estava presente na exumação do corpo de Frederick Cotton Junior. Declarou que havia uma placa no caixão com a inscrição: "Frederick Cotton, morto em 10 de março de 1872, com 10 anos".

Ele descreveu a retirada das vísceras e a forma como as amostras foram guardadas e lacradas.

Também mencionou que o gorro Glengarry estava na cabeça do falecido. Confirmou ter testemunhado o dr. Kilburn removendo as vísceras e guardando as amostras em jarros e entre placas. Tudo foi lacrado e enviado ao dr. Scattergood no dia seguinte.

Kilburn foi reconvocado e lhe pediram que confirmasse que a exumação tinha sido do corpo de Frederick Cotton Junior. Ele garantiu, sob juramento, que o corpo exumado era dele.

A declaração de Thomas Scattergood foi o elemento central da acusação. Ele apresentou as qualificações, confirmou que Hutchinson lhe entregou as amostras colhidas por Kilburn e as elencou. O estômago e os intestinos foram as únicas partes das vísceras que apresentaram inflamação. Ele repetiu os detalhes do relatório: "Examinei o intestino delgado com muito cuidado em busca de quaisquer sinais comuns em casos de febre tifoide, e não havia indicação de nada assim. Analisei as vísceras e encontrei arsênico em todas. No estômago e nos intestinos, incluindo o conteúdo deles, havia por volta de 65 mg dissolvidos e absorvidos e 8 mg não dissolvidos. Estimei a quantidade contida nos órgãos sólidos, por volta de 25 mg, totalizando 98 mg".

Prosseguiu dizendo que não havia arsênico no solo analisado. E concluiu que, com base nas análises, Frederick Cotton Junior morreu de envenenamento por arsênico.

Uma testemunha interessante foi Thomas Detchon. Não está claro como se envolveu no caso. Não há conexão entre Mary Ann em West Auckland e Detchon de Newcastle, locais bem distantes. Não havia como a polícia ligá-lo a Mary Ann. O mais provável é que ele tenha entrado em contato com a polícia. Detchon trabalhava como assistente em uma farmácia em Newcastle e foi considerado testemunha-chave da acusação para rotular Mary Ann como envenenadora em série. Ele testemunhou que, em 21 de janeiro de 1869, uma mulher comprou sabão de arsênico "para matar insetos" na farmácia de William Owen, em Newcastle. Foi ele que a atendeu. Tentou convencê-la a comprar outro produto, "específico para insetos", mas ela insistiu em sabão de arsênico. Seus testemunhos escrito e pronunciado foram contundentes ao afirmar que a mulher que tinha atendido era a prisioneira: "Me lembro de uma mulher que foi à loja do meu chefe em 21 de janeiro de 1869 e pediu sabão em pó e arsênico. Ela solicitou a quantia equivalente a 3 *pence* e disse que o nome dela era Mary Ann Booth; a prisioneira é essa mulher. Depois disso, vi a prisioneira entre mais de dez outras mulheres na prisão de Durham e a reconheci como a mulher que comprou o arsênico".

A princípio, lhe foi recusado o sabão de arsênico, pois não havia testemunhas para assinar o registro de venenos. Ela saiu e voltou com uma testemunha, e o sabão foi vendido. Ele anexou uma cópia da página do livro de registro de venenos no depoimento dele. O documento mostrava o nome da compradora como Mary Ann Booth, com a assinatura por extenso, e a testemunha Elizabeth Robson, com uma rubrica. É importante notar que Mary Ann não agiu durante o processo e nunca questionou nenhuma testemunha. O major Hodgson perguntou a Detchon sobre o preço do produto alternativo oferecido e foi informado de que teria custado *sixpence** (o dobro do valor pedido em sabão de arsênico). Foi nesse momento que Mary Ann decidiu fazer uma pergunta bem estranha: "A que horas eu fui lá?".

A testemunha respondeu: "Se bem me lembro, entre duas e três da tarde". "Era isso...", foi tudo que Mary Ann disse em resposta.

---

* Moeda usada na Inglaterra até 1971, que valia 6 *pence*. [NT]

Jane Hedley foi reconvocada para que o testemunho que deu na audiência de Nattrass também ficasse registrado na de Frederick Cotton Junior: que ela foi à casa de Mary Ann para pegar um pote de sabão de arsênico.

Para reforçar a motivação do crime, Trotter chamou James Young. Ele confirmou que era de Shildon, próximo a West Auckland, e que representava a Prudential Insurance Company. Disse que conhecia a prisioneira e que Frederick Cotton Senior, Frederick Cotton Junior, Robert Robson Cotton e Charles Edward Cotton era segurados pela empresa dele. Ele recebeu a informação da morte de Frederick Cotton Junior e pagou 5 libras e 15 xelins, mediante recibo. De novo, Young não foi questionado sobre as condições em que essas apólices haviam sido contratadas. Era comum que homens como Young fossem de porta em porta nas comunidades de trabalhadores para angariar novos clientes. Por uma pequena quantia semanal, mães e pais podiam contratar seguros para cobrir os custos dos falecimentos na família. Se fosse perguntado, testemunharia que quase todo mundo na rua de Mary Ann tinha apólices similares.

O presidente daquele tribunal perguntou se Mary Ann gostaria de chamar alguma testemunha, e ela respondeu, "Não, senhor. Agora não". O escrivão procedeu a leitura da acusação de homicídio premeditado de Frederick Cotton Junior e perguntou a Mary Ann se queria se proclamar. Depois de um mero "não, senhor", Mary Ann foi condenada a ir a julgamento no inquérito de Durham, e a sessão foi encerrada.

A próxima audiência se iniciou de imediato. Era para tratar da morte de Robert Robson Cotton, o filho de Mary Ann com Frederick Cotton, falecido em 28 de março de 1872. Jane Hedley já havia testemunhado que a criança ficou doente uma semana antes de morrer. Assim, Sarah Smith foi a primeira a ser chamada. Ela começou com a apresentação tradicional dizendo quem era e falou da doença da criança. Ela o viu com frequência naquele período: "Ele parecia muito mal, estava com mal-estar e ânsia e acho que começaram a nascer os dentes. No começo da semana, estava muito mal e, na quinta-feira pela manhã, quando fui vê-lo, parecia melhor e achei que estava tudo bem com ele. O vi de novo na hora da janta no mesmo dia. Naquele momento, pensei que estava melhor e disse à sra. Cotton: 'está tudo certo com o Robbie agora'. Ele segurava um pedaço de pão que mergulhava em algum tipo de xarope. A prisioneira disse que achava que ele estava bem".

Ela contou mais uma vez que, quando voltou naquela noite, encontrou o garoto no berço, no mesmo quarto em que Nattrass estava acamado. Ela percebeu que a criança estava tendo um "chacoalhão intenso" — "chacoalhão" foi usado aqui como um termo para falta de ar e muitas vezes é associado com barulhos e contrações como os de vômito: "Achei que estava morrendo, ele tinha chacoalhões tão intensos e por muito tempo. Os olhos estavam fixos. Então, eu disse à sra. Cotton, 'a criança está morrendo. Quem eu devo chamar?'. E ela respondeu, 'ninguém'. Falei para ela, 'que horas ele começou a piorar?'. E ela comentou algo que não ouvi. Perguntei, então, quem deveria chamar e, então, ela disse que eu poderia chamar o médico; não mencionou ninguém em específico, e fui até o consultório do sr. Kilburn".

[...] foi assertivo na conclusão de que a erupção dentária não tinha sido a causa da morte que, segundo ele, foi resultante de envenenamento por arsênico.

Quando ela retornou, Mary Tate e Jane Hedley estavam com Mary Ann no quarto. Perguntou para Mary Tate se a criança ainda estava viva, e ela respondeu: "Sim. Você já viu uma mudança tão repentina?". Smith respondeu, "Nunca". Depois, falou para a prisioneira, "O que você tem dado para a criança?". Ela disse, "Nada além de uma colher de xarope calmante".

A essa altura, dr. Chalmers chegou para examinar o garoto, e Smith falou que Mary Ann teve um "surto" repentino. Quando o médico foi embora, Mary Ann pediu que Smith tirasse a criança do berço. A prisioneira lhe perguntou se estava com medo e, se estivesse, ela mesma pegaria a criança. Smith colocou o garoto apoiado no joelho e o segurou por mais ou menos uma hora. Ela pediu que a sra. Tate contasse o tempo dos chacoalhões, que ocorriam de quinze em quinze minutos. Ela colocou o menino de volta no berço. Quando ele parou de ter os chacoalhões, sabia que estava morto e ela ajudou a deitá-lo. Mary Ann a mandou até a irmã,

Phoebe Robson, para pegar um pijama para o menino. Ela encerrou o testemunho: "No período que a criança esteve doente, fui e voltei várias vezes e nunca vi ninguém cuidar dela além da sra. Cotton. Não havia outra mulher na casa e apenas vizinhas como eu passávamos lá. Não sei dizer se lhe deu qualquer coisa além do peito".

Phoebe Robson, irmã de Sarah Smith, confirmou que esteve algumas vezes na casa. Mary Ann não lhe disse qual era o problema do garoto. Ela falou que Mary Ann lhe tinha pedido que fizesse um pijama para o menino na noite de quarta-feira, um dia antes da morte da criança.

Mary Tate narrou sua história. Declarou que conhecia bem tanto a prisioneira quanto o garoto, Robert Robson. Ela estivera na casa enquanto ele esteve doente. Ela disse que ele ficou mal por quase quinze dias. Prosseguiu: "Na quinta-feira em que morreu, ele estava bem melhor na hora do almoço. Naquela tarde, por volta das duas horas, fui para minha casa e voltei às três. Quando saí, deixei a sra. Cotton com o falecido. Não havia mais ninguém na casa além de Joe Nattrass, que estava doente e acamado. Quando voltei, a criança tinha piorado muito, e fiquei impressionada. Perguntei à sra. Cotton o que tinha acontecido. Ela disse, 'meu filho está muito pior, sra. Tate, não o perturbe'. Perguntei se poderia chamar alguém. Ela disse 'não, não', a criança estava morrendo e deveria deixá-la partir em paz".

Ela declarou que foi buscar a sra. Smith e voltou para casa. Confirmou que estava lá na hora do jantar. A criança estava no colo de Mary Ann quando o dr. Chalmers chegou. Ela deu o mesmo testemunho que Sarah Smith sobre as horas finais da criança e confirmou que, quando perguntaram a Mary Ann o que ela havia oferecido ao garoto, ela respondeu "uma colher de xarope calmante".

Dr. Archibald Chalmers foi chamado e confirmou que viu a criança na quarta-feira antes da morte. Ele não prescreveu nada porque acreditava que ela estava sofrendo com o nascimento dos dentes e que não corria perigo: "O vi no dia seguinte, ele estava bem. A sra. Smith tinha me chamado entre 18 e 19 horas. O menino estava tendo convulsões. Fiquei quase uma hora, mas não o vi morrer. Ele estava desfalecendo quando fui embora. Para mim, não houvera qualquer mudança brusca no estado da criança entre a visita do meio-dia e o das 18 horas. Não são raros os casos de crianças que morrem antes que um médico seja chamado".

Mais uma vez, Jane Hedley foi convocada para declarar oficialmente que buscara um pote contendo sabão de arsênico na casa de Mary Ann. Depois, dr. Kilburn foi chamado de novo. Ele visitara o garoto na terça-feira, 26 de março, quando sofria de um estado febril leve causado pelo nascimento dos dentes. Ele receitou uma mistura salina e seis doses de "pó cinzento de mercúrio e carbonato de cálcio". Ele também viu a criança em 28 de março: "Parecia completamente recuperada e estava feliz no colo da mãe. A criança morreu na noite desse mesmo dia".

Ele confirmou que exumou o corpo da criança e que deu ao sargento Hutchinson amostras para serem levadas ao dr. Scattergood. Ele "considerou que apresentavam provas de envenenamento por arsênico".

Dr. Scattergood repassou o relatório dele como registrado acima e confirmou que encontrou arsênico no corpo em quantidades entre 78 e 84 mg. Novamente, foi assertivo na conclusão de que a erupção dentária não tinha sido a causa da morte que, segundo ele, foi resultante de envenenamento por arsênico.

Thomas Detchon, que trabalhou na farmácia em Newcastle, foi convocado de novo para apresentar uma prova similar. Dessa vez, foi o coronel Hall que perguntou a ele se tinha certeza do horário em que Mary Ann comprou o arsênico, e Detchon confirmou que sim. Hall, então, perguntou, "E nunca mais a viu desde 1869 até o dia que a reconheceu na prisão?". Detchon respondeu, "Não, senhor". Então, Hall perguntou se tinha visto alguma fotografia dela, e a testemunha respondeu que viu uma no começo de novembro e que viu a prisioneira no final daquele mês. Hall lhe pediu que jurasse que reconhecera a prisioneira como a mulher que comprou sabão de arsênico em Newcastle, independentemente da foto no jornal. Ele declarou, "Sim, juro". Hall perguntou, então, se Mary Ann tinha alguma pergunta, e ela respondeu "Não tenho nada a perguntar ou a dizer no momento".

Com isso, Mary Ann Cotton foi condenada formalmente a ser julgada no inquérito judicial de Durham pelo homicídio doloso de Robert Robson Cotton.

O testemunho de Detchon é bem interessante, tanto em termos da defesa quanto da acusação. Ele viu Mary Ann na prisão e a identificou. Admitiu, também, ter visto uma fotografia dela no mês de novembro (1872) anterior à audiência. É provável que o fato de ter visto o retrato o tenha levado a entrar em contato com a polícia. A defesa poderia ter explorado isso. Contudo, há outra informação que a acusação poderia ter usado. É improvável que os nomes Mary Ann Booth e Elizabeth Robson tenham surgido do nada. Em 1869, Mary Ann estava casada com James Robinson, o construtor de navios. Foi um ano difícil para Mary Ann, que terminaria com o rompimento com James Robinson. Em dado momento, descobriu-se que Mary Ann usava o dinheiro de James Robinson e que, supostamente, gastava consigo mesma, inclusive fazendo apostas em corridas de cavalo. Não faltavam motivos para uma mulher que tentava se divertir com dinheiro suspeito viajar para Newcastle para se aproveitar das atrações da cidade grande, que

É possível que as duas tenham saído para passear juntas, e Mary Ann Cotton aproveitou a visita para obter a substância que não queria comprarperto de casa [...]

incluíam belas pistas de corrida de cavalos. O argumento de que a viagem era longa não é convincente. Sobre os nomes, Mary Ann Booth era a mãe de um aprendiz de James Robinson (John George Booth), e havia uma amiga de infância de Mary Ann chamada Elizabeth Walsh, cuja mãe era chamada Mary Robson. Ela viveu em Bishopwearmouth em Sunderland. É possível que as duas tenham saído para passear juntas, e Mary Ann Cotton aproveitou a visita para obter a substância que não queria comprar perto de casa, ainda mais se, na época, estava empenhada na carreira de envenenadora e já fazia planos de herdar o dinheiro de James Robinson. Se houvesse a necessidade urgente de dois nomes falsos, os nomes de conhecidas viriam à mente para solucionar a questão.

Apesar disso, é preciso destacar que uma mulher chamada Elizabeth Robson apareceu em Newcastle depois do julgamento alegando ser a testemunha da compra do veneno. Ela declarou que Mary Ann Booth fez a compra e que não se tratava de Mary Ann Cotton. Elizabeth Robson, contudo, nunca apresentou nenhuma prova de quem seria, de fato, Mary Ann

Booth. Tampouco houve qualquer investigação sobre Elizabeth Robson e se ela era mesmo a amiga de infância de Mary Ann. De qualquer forma, nada foi feito para contrariar a prova de Thomas Detchon.

Mas é importante ter cautela ao estudar as audiências que Mary Ann Cotton encarou até aquele momento. Em um julgamento cujo fim seria a forca, é preciso ter convicção de que a prisioneira é culpada, não podem restar dúvidas.

Há muitas opiniões sobre o comportamento de Mary Ann, mas ninguém viu, de fato, essa mulher dando arsênico para nenhum dos falecidos [...]

Nas audiências descritas até aqui, certos fatos estão além de qualquer dúvida. Podemos dizer que as pessoas que morreram sofreram uma agonia tremenda. Todos estavam sob cuidados constantes de médicos, a própria Mary Ann Cotton foi responsável por chamá-los em mais de uma ocasião. Ela convidou, também, em várias ocasiões, as vizinhas para ajudá-la. Comprou sabão de arsênico, e o item foi visto na casa dela. Mary Ann usou sabão de arsênico para limpar a própria casa e a de uma vizinha. Todas as mortes foram atestadas como causas naturais. Depois, quantidades de arsênico, em proporções diversas, foram encontradas nos corpos dos falecidos.

Há muitas opiniões sobre o comportamento de Mary Ann, mas ninguém viu, de fato, essa mulher dando arsênico para nenhum dos falecidos, apesar das alegações de que foi a única que cuidou deles antes das mortes. Há dúvidas também no depoimento de Thomas Detchon: seria mesmo possível que ele tivesse certeza de que Mary Ann comprara sabão de arsênico com nome falso quase quatro anos antes do julgamento? O certo é que o apoio jurídico para a defesa de Mary Ann foi inadequado. Ninguém inquiriu qualquer testemunha; ninguém contestou as opiniões dos especialistas e ninguém procurou um especialista com uma opinião diferente para testemunhar. Ninguém questionou os vários médicos nem questionou Kilburn do papel dele ou sobre a primeira necropsia que fez em Charles Edward.

Por tudo isso, nos resta apenas especular sobre como Mary Ann Cotton se encaixa nessas provas circunstanciais. É óbvio que ela era astuta, que conseguiu se casar quatro vezes. Era disposta a enganar, pois roubou o dinheiro de James Robinson e praticou bigamia ao se casar com Frederick Cotton. Os relatos sugerem que era dominadora, capaz de fazer as pessoas lhe obedecerem. Sua experiência como enfermeira lhe permitiu se inteirar das doenças e dos remédios prescritos pelos médicos. Apesar de muitas vizinhas em West Auckland se mostrarem próximas a ela, sempre frequentando sua casa, nenhuma delas parecia conhecer muito de seu passado antes das audiências. Isso se explica pelo fato de ser nômade e não ficar muito tempo no mesmo lugar.

A questão de Nattrass como um todo e os rumores do envolvimento dela com o fiscal, assim como as insinuações de que queria se livrar do fardo da última criança que lhe foi incumbida, Charles Edward, de fato levantam suspeitas sobre seu comportamento. Além disso, há a "convulsão" estranha, semelhante à do bebê Robert Robson na época em que foi atendido pelo médico. Nunca houve nenhum registro sobre essas convulsões. Talvez fosse apenas uma mulher no limite da sanidade após quatro mortes sucessivas? Foi por isso que pediu à vizinha que tirasse a criança do berço e a segurasse? Ou tudo era parte da cortina de fumaça para enganar a todos?

Sem qualquer alegação de culpa ou inocência de Mary Ann Cotton, qualquer pessoa sem ligação com o caso pensaria que houve ilegalidades nos procedimentos das audiências e que suas conclusões poderiam gerar muitas dúvidas. É claro que houve alegações de que a finalidade das audiências era levar os casos para o inquérito judicial de Durham para pôr à prova os depoimentos, e é para esse ponto da história de Mary Ann que seguiremos.

Dr. Thomas Scattergood, especialista em venenos.

Loja do sr. Townsend na Front Street, West Auckland.

MARY ANN COTTON'S DEFENCE FUND.

The Prisoner MARY ANN COTTON, who is committed for trial for Wilful Murder in four cases to the Assizes at Durham, which commence on Monday next, is without the necessary means for her defence.

A large number of influential persons have expressed a desire that funds should be raised to enable her to procure a fair trial, which is the boast of our English constitution.

A committee has been formed for the purpose of retaining solicitors and counsel. Any one deeming it desirable will have the opportunity of contributing to the defence fund.

Mr. JOHN LENG, Sun Inn, 2, High Bondgate, Bishop Auckland, has kindly consented to receive donations on behalf of the committee.

As very little time is allowed for preparing the defence, parties subscribing will be kind enough to forward their subscriptions immediately. 2728

Pedido de dinheiro para a defesa de Mary Ann.
Texto citado na página 109.

MARTIN CONNOLLY

MARY ANN
COTTON
LADYKILLERSPROFILE

10
CAPITULUM

DARK ANGEL

JULGAMENTO

Como já mostramos, a defesa de Mary Ann Cotton foi um desastre. A carta de Charles Murray sobre ajuda para as despesas jurídicas, em princípio entregue a George Hedley, foi passada para Lowrey, que ajudou Mary Ann comprando sua mobília. Isso terminou nas mãos de George Smith. Smith respondeu a Murray informando que havia sido organizada uma equipe de defesa munida das informações sobre o caso. Contudo, o pessoal de Newcastle, que defenderia Mary Ann, não recebeu instruções de Smith em Bishop Auckland. O comitê para arrecadação de fundos em Bishop Auckland também parecia desestruturado. Thomas Labron, representante do comitê, foi para a prisão de Durham para falar com Mary Ann. Na segunda, 3 de março, o juiz Archibald perguntou a Charles Russell se sabia quem seria o advogado que compareceria a favor da prisioneira. A resposta foi: "Não, meu senhor, o colega que fora mencionado como suposto indicado não recebeu nenhuma informação".

O juiz que presidia a sessão, sir Thomas Dickson Archibald, nascido no Canadá, era cirurgião formado que mudara de carreira e se tornara advogado.

Como já vimos, o Treasury tomou a decisão controversa de assumir a acusação e indicou Charles Russell. Essa escolha usurpou o sr. Aspinall de Durham e foi um problema para Mary Ann Cotton. Russell era católico da Irlanda do Norte, irmão de padre jesuíta e de três freiras. Mantinha uma reputação formidável por ser capaz de extrair a verdade e era considerado um dos melhores juristas do seu tempo. Em números atualizados, chegava a ganhar anualmente por volta de 1 milhão de libras. Apesar disso, era conhecido por ser justo e, anos depois, assumiria o caso de outra mulher, Florence Maybrick, condenada por envenenar o marido com arsênico, nessa ocasião na defesa da prisioneira.

A sala do tribunal estava na sua capacidade máxima; até os ricos e poderosos estavam dispostos a se sentarem em bancos.

O juiz Archibald solicitou que o sr. Thomas Campbell Foster, homem de Yorkshire que ainda não "vestira a seda",* representasse Mary Ann. Ele era muito capaz, com bastante experiência no judiciário do norte da Inglaterra. Foi em 3 de março que ficou, por fim, decidido que o julgamento se iniciaria em 5 de março, o que significa que teve pouquíssimo tempo para preparar a defesa do caso.

Assim, em 5 de março de 1873, Mary Ann encaminhou-se da cela para o tribunal, dessa vez com uma jornada bem mais curta, já que o tribunal ficava ao lado da prisão. A essa altura, estava tão famosa que centenas de pessoas se aglomeraram do lado de fora do prédio, e muitos queriam entrar. Um policial local decidiu distribuir senha, e o tumulto era tamanho que a área do grande júri precisou ser reservada para as mulheres do condado.

---

* A expressão *"take silk"* é jargão jurídico britânico que indica que a pessoa foi selecionada para "advogado da rainha" (Queen's Counsel/Q.C.). O nome faz referência às becas de seda usadas nos tribunais. [NT]

A sala do tribunal estava na sua capacidade máxima; até os ricos e poderosos estavam dispostos a se sentarem em bancos. Do lado de fora, aqueles que não puderam entrar ficaram esperando por horas enquanto o julgamento se desenrolava.

Às 10 horas, decidiu-se dar início ao julgamento, e Mary Ann foi levada até a sala do tribunal por duas carcereiras. Ela foi posicionada em frente à bancada, e a multidão se esforçava para vislumbrá-la. O que esperavam ver? O monstro das matérias dos jornais? O que viram foi uma mulher comum, dessa vez sem o bebê, encarando-os. Ela foi descrita nas matérias posteriores como pálida e envelhecida. Tinha um ar deprimido e parecia muito abalada pela situação; o cabelo não estava mais cuidadosamente penteado para trás como em Bishop Auckland. Uma reportagem alegava que isso se devia à raiva e ao medo que Mary Ann sentia de Thomas Detchon. De acordo com as matérias, ela parecia abatida; as roupas eram menos elegantes e estavam puídas. Também parece que precisou de uma bengala para apoiar-se. No geral, a cena era protagonizada por uma criatura patética, e não o monstro que esperavam encontrar. Essa aparência foi escolhida com cuidado na tentativa de angariar simpatia, ou, por fim, ela havia sentido o impacto das audiências e do tempo na prisão?

Charles Russell teve o auxílio de Trotter de Bishop Auckland, do sr. Greenhow e do sr. Gainford Bruce. Sr. Foster tinha o sr. Part para ajudá-lo. Ele concordou com Russell que o primeiro caso a ser ouvido seria o do assassinato de Charles Edward Cotton, o último a morrer em West Auckland.

Russell prosseguiu e apresentou o caso dele com um discurso longo e incisivo, mas manteve uma atitude justa. Disse que lhe coube o trabalho penoso de apresentar diante do júri os fatos do caso que acreditava poder provar para eles. Estava certo de que a gravidade e o peso da acusação de assassinato contra Mary Ann Cotton receberiam a atenção plena. Pediu, também, que ouvissem o que seria apresentado de forma imparcial. Ciente da publicidade de Mary Ann não ter advogado, informou aos membros do tribunal do júri que o meritíssimo juiz Archibald requisitara um advogado capacitado para defender a prisioneira. Estava certo de que isso os satisfaria, porque o colega de profissão tinha muita experiência.

Russell apresentou a acusação de forma resumida: "A prisioneira, em 12 julho de 1872, em West Auckland, neste condado, assassinou o enteado, Charles Edward Cotton, e o matou envenenado".

Ele procedeu o relato sobre a época em que ela era viúva, usava o nome Mowbray e trabalhava como enfermeira na Sunderland Infirmary. Contou dos casamentos com George Ward, James Robinson e, por último, Frederick Cotton. Informou que o casal havia se mudado para West Auckland em 1871. A família, nessa época, era formada por Mary Ann Cotton, o marido Frederick, Frederick Cotton Junior, Charles Edward Cotton (filhos do marido, mas não da prisioneira) e Robert Robson Cotton, filho que teve com Frederick Cotton. Contou sobre ela ter recebido George e William Taylor como inquilinos. Ambos partiram após a morte de Charles Edward. Com muita astúcia, atraiu a atenção para as outras mortes: "No mês de julho de 1872, moravam na casa da prisioneira, além dela, viúva na época, o único filho que sobreviveu, Charles Edward Cotton, a pessoa que ela é acusada de assassinar. Não pretendo tratar dos detalhes das mortes dos outros membros da família ou pedir ao júri para levá-las em consideração".

Russell afirmou que ela não havia mostrado "maus-tratos sistemáticos e deliberados ao menino" e, ainda assim, pintou um quadro de atos "frequentes" de crueldade.

Sem dúvida, isso ficaria registrado como algo relevante na mente do júri. Ele lembrou, de novo, que ela era enfermeira e que poderia ganhar a vida trabalhando, mas a responsabilidade de cuidar de Charles Edward Cotton a impedia. O júri também foi lembrado de que Charles Edward era enteado e não filho da prisioneira. Ele não trabalhava e não contribuía para a renda da casa, dessa forma, era um fardo e um problema. Ele se referiu a julho de 1872, quando Mary Ann recebia um auxílio da paróquia para o garoto que, por alguma razão, foi cancelado. Declarou que as testemunhas, apesar de relutantes, declarariam que a prisioneira reclamava com frequência sobre a criança ser um fardo. O garoto a impedia de trabalhar, e a situação se complicava ainda mais porque o filho não era dela. Russell acreditava que o júri não teria dúvidas de que a criança era um empecilho inconveniente e embaraçoso. Insistiu que "seria injusto dizer que as provas mostrariam maus-tratos sistemáticos ou deliberados ao garoto". Ele acreditava que o júri perceberia que ela fazia o melhor que podia para o menino, o mantinha limpo, e, se passou fome, não foi negligência, mas, sim, a situação. Contudo, mesmo que não houvesse "crueldade sistemática", havia provas de atos frequentes de maldade quando ela agredia a criança. Houve violência intensa, desproporcional por completo em relação ao tamanho do menino, e ela não o amava. É uma contradição. Russell afirmou que ela não havia mostrado "maus-tratos sistemáticos e deliberados ao menino" e, ainda assim, pintou um quadro de atos "frequentes" de crueldade. Essa divergência não foi captada pela defesa de Mary Ann.

Russell, então, abordou o motivo do homicídio. Informou que Charles Edward Cotton tinha um seguro de vida com a empresa Prudential Society, em um valor por volta de 8 libras. Contudo, a apólice não foi paga com a morte do garoto. Russell sabia que não era o suficiente mostrar que o garoto tinha morrido de envenenamento por arsênico, ele precisava provar que Mary Ann Cotton o envenenou. Para isso, disse ao júri que o garoto, "uma criaturinha de 7 anos de idade", tinha aparência saudável e era bem ativo. Informou que a prisioneira, a madrasta do garoto, foi a única que cuidou dele. Ela lhe deu comida e todos os remédios prescritos. O júri ouviu que a prisioneira chamou o dr. Kilburn para atender o garoto e que ele viu que a criança estava doente e com sintomas de ânsia e diarreia. "A vida sofrida daquela criaturinha", declarou, "se esvaiu, e, no dia 12 de julho, ele morreu."

Ele declarou que a prisioneira causou a morte do garoto ao administrar um veneno mortal. O júri ouviu as circunstâncias que levaram à instauração de um inquérito realizado no dia 13 de julho. Russell descreveu a necropsia realizada por Kilburn. Precisou se esforçar bastante para criar uma desculpa para a conclusão inicial de Kilburn de que a morte fora por causas naturais. Reforçou várias vezes a pressão que Kilburn sofreu para acelerar o exame feito pouco antes do inquérito. Como trabalhou às pressas, não foi capaz de apresentar ao inquérito qualquer veredito diferente. Ainda assim, Russell prosseguiu, Kilburn tinha dúvidas (não falou nada da pressão de Riley e outros) e realizou um teste de Reinsch, que detectou arsênico. Russell abordou, então, o envio das vísceras para o dr. Scattergood, em Leeds, que confirmou a presença de arsênico e a conclusão de que a criança havia morrido devido a um envenenamento por essa substância. Se essa era a causa, a questão, por consequência, era descobrir se o veneno foi administrado de forma acidental ou intencional. Ele acreditava que o júri concluiria, a partir das provas, que foi um ato deliberado de envenenamento que demandou três ou quatro doses. Russell gostaria de levantar a questão das outras mortes em West Auckland, mas sabia que a defesa protestaria. Assim que começou a abordar o assunto, Foster, de fato, apresentou objeção. O juiz disse a Russell que já era o bastante e que deveria deixar de lado os detalhes.

O júri, Russell continuou, deveria se perguntar quem administrou o veneno e por qual motivo. Ele tratou do fato de que as provas seriam circunstanciais e mostrariam que o crime não foi violento nem cometido de forma impulsiva ou passional, caso contrário haveria provas diretas. Esse, sugeriu, foi um crime perpetrado de forma planejada e discreta. Se não havia prova direta, questionou ao júri, afinal, que provas esperariam encontrar? Russell respondeu de imediato: alguém que tinha tanto a oportunidade quanto os meios para obter o veneno. Ele já tinha afirmado que apenas a prisioneira cuidou e teve acesso à criança durante a doença. Admitiu que, quando a polícia examinou tudo que puderam encontrar na casa dela, não achou nenhum sinal de arsênico. Aconselhou os jurados que, se esse fato favorecesse à prisioneira de alguma maneira ou os deixassem com dúvida, deveriam refletir o quanto fosse necessário sobre a questão.

Logo depois desse conselho, Russell disse ao júri que a própria criança foi mandada à farmácia da região para comprar sabão de arsênico. O farmacêutico recusou-se a atendê-la, e Mary Ann Dodds foi buscar a substância para Mary Ann. Disse que a prisioneira pediu o veneno para limpar e matar insetos. Desse modo, deixou claro que a prisioneira tinha acesso ao arsênico e descreveu como poderia ser obtido pelo sabão de arsênico. Russell admitiu que era especulação, então se voltou para o motivo. Nesse ponto, falou sobre o dinheiro do seguro como um interesse pecuniário de Mary Ann Cotton na morte da criança. Russell encerrou a denúncia aconselhando que o júri deveria estudar com cuidado as provas e que, se tivesse qualquer dúvida razoável, deveria decidir a favor da prisioneira. Contudo, se acreditava que a prisioneira *praticou* o envenenamento, deveria cumprir o dever solene que assumira sob juramento e considerar a prisioneira culpada.

A apresentação de Russell é uma verdadeira aula de como abordar um caso antes mesmo de demonstrar provas. Ele mostrou que Mary Ann teve a oportunidade, os meios e o acesso ao garoto, além de motivo pecuniário. Antecipou, também, quaisquer questionamentos sobre a necropsia e o inquérito que concluiu que a morte foi por causas naturais. Até mesmo a tentativa de evidenciar outras mortes foi inteligente. A objeção de Foster sugeriria ao júri que havia algo a esconder. Assim, Russell começou a chamar suas testemunhas; a primeira delas foi Isabella Smith.

Isabella Smith declarou ser esposa de Samuel Smith, bombeiro, e viviam em South Hetton. Ela trabalhou na Sunderland Infirmary até 1865 ou 1866, quando saiu para se casar. Disse que a prisioneira, na época conhecida como Mowbray, a substituiu no hospital e ficou por onze ou doze meses. Nesse período, ela cuidou de um paciente de nome George Ward e, depois, se casou com ele. Dois ou três anos depois de Smith sair do trabalho, ela voltou para outro hospital e viu a prisioneira lá, com o nome Robinson. Alguns jornais noticiaram que Smith disse o nome "Robson" (o nome de solteira) e não "Robinson" (oriundo do casamento com James Robinson). Foster a questionou, e ela disse que trabalhou no hospital por 26 anos. Descreveu como os remédios eram prescritos e deixados na ala de cirurgia onde as enfermeiras podiam pegá-los quando os cirurgiões não estavam presentes. E acrescentou: "Não adquiri nenhum conhecimento científico nos 26 anos que estive lá. Conhecia calomel, era branco; mas nunca mexi com os frascos. Não era muito estudada. Alguém com mais estudo conheceria os venenos, já que os nomes estavam nos frascos".

Sarah Smith, a vizinha que testemunhou em Bishop Auckland, se apresentou para depor. Ela contou boa parte do que disse na audiência de Bishop Auckland. Falou da morte de outros membros da família em resposta ao questionamento de Gainford Bruce. Apesar da objeção de Foster, a fala foi permitida. Foster se irritou porque foram apresentados detalhes irrelevantes ao caso de Charles Edward Cotton. Até mesmo a morte de Joseph Nattrass foi mencionada. Smith destacou o fato de que a prisioneira foi a única que cuidara do doente: "não morava mais ninguém na casa na época". Ela falou sobre como Charles Edward estava doente e não parava de vomitar. Relacionou, então, a morte de Charles Edward com a do irmão, Frederick Junior: "Falei para a prisioneira que ele tinha a mesma doença que o irmão, Freddy. Estive na casa quando Frederick ficou doente. Não permaneci muito tempo. Quando falei isso para a prisioneira, ela me respondeu: 'sim, as duas [doenças] são iguais e seguem para o mesmo caminho'".

Russell perguntou se ela presenciara a prisioneira fazer algo com a criança, e, diante disso, Foster protestou. O juiz acatou a objeção, "mas, se Russell explicasse o motivo, ele levaria em consideração". Foster inquiriu Smith, que admitiu que não vivia com a prisioneira. Ela declarou, também, que nunca soube de mais ninguém que vivesse com ela. Comentou, ainda, que havia muita fofoca em West Auckland e que muitas pessoas falavam das suspeitas que tinham dela. Ao ser inquirida por Russell, explicou que viveu a seis casas de distância da prisioneira antes de ela se mudar para Front Street. Ela não esteve na casa mais de uma vez antes da doença. Quando visitou Mary Ann, disse que não viu ninguém além dela e de Charles Edward.

Mary Ann Dodds, a vizinha e faxineira da prisioneira, foi chamada na sequência. Ela declarou por quanto tempo conhecia a prisioneira e que vivia na casa ao lado da dela na Johnson Terrace. Questionada por Greenhow, disse que foi à casa da Front Street em 8 de julho, antes da morte de Charles Edward, para limpar. Disse que o garoto não estava no andar de baixo e que lhe foi dito que ele adoeceu no domingo, 7 de julho. Descreveu o garoto como: "Muito bom para pequenos trabalhos e algo assim. Parecia ativo e saudável quando o vi antes, no dia 6, sábado à noite".

Ela declarou que não tinha mais ninguém na casa além da prisioneira e Charles Edward. A prisioneira a convidou para ver o garoto por volta das 10 horas. Na hora do jantar, disse que o dr. Chalmers, assistente de Kilburn, chamado por Mary Ann, foi olhar o garoto. Ele prescreveu um remédio que ela foi buscar com o cirurgião e o entregou para a prisioneira. Consistia em um frasco e alguns vidros de pó. Contou, de novo, que visitou Mary Ann nos dois dias seguintes, mas não na quinta-feira, o dia anterior à morte do garoto. Na terça-feira, tentou falar com a criança, mas ela adormeceu. Na quarta-feira, também o viu dormindo. Ela disse à prisioneira que "se continuasse assim, não viveria muito". Quando foi chamada à casa na sexta-feira pela manhã, 12 de julho, o menino estava no sofá, e a prisioneira lhe disse que ele havia morrido às cinco e cinquenta. Também que ele teve convulsões por volta da meia-noite. A prisioneira lhe disse que pensava que ele morrera de febre tifoide. Dodds descreveu o modo como lavou e deitou o corpo da criança e disse que, ao fazer isso, achou um lenço com "fezes" que entregou ao dr. Kilburn. Falou de uma conversa que teve com a prisioneira antes de a criança morrer. Dodds lhe perguntou se ela mandaria o garoto para a *workhouse*, e a resposta da prisioneira foi que "não", que preferia ficar com ele. A prisioneira disse que iam tirar o auxílio pago pela paróquia e "que seria muito difícil mantê-lo a troco de nada". Dodds disse que usou o sabão de arsênico para limpar a cabeceira seis semanas antes de o garoto morrer. Falou, também, de uma conversa sobre o "sr. Mann", o fiscal e agente da alfândega. Ela perguntou à prisioneira se eles se casariam caso o menino não morasse com ela. A prisioneira disse que o sr. Mann gostava do garoto "e o achava adorável". Durante o inquérito, ela contou mais uma vez a história de o garoto buscar sabão de arsênico e como, depois que o farmacêutico se recusou a vender, ela foi comprar. Foi usado para esfregar a cabeceira para matar os insetos que estavam na cama. Ela guardou o pouco que sobrou no depósito de lenha.

Ao ser inquirida por Foster, a sra. Dodds disse que a prisioneira parecia gostar do menino. Russell interveio para fazê-la concordar que era cruel e insensível tirar o rapaz da cama e colocá-lo no sofá. Foster revidou ao fazê-la declarar que o menino estava bem coberto e acomodado no sofá. Dodds também confirmou que foi a prisioneira quem procurou o médico na segunda-feira e que havia dois deles lá no dia em que o garoto morreu. Ao ser questionada se a criança tomou um laxante, a sra. Dodds respondeu que não dera nada a ele. Foi inquerida de novo sobre o sr. Mann. Ela ouviu que o sr. Mann se casaria com Mary Ann se ela não tivesse que cuidar do garoto. Ela disse: "Ouvi um rumor e queria saber se era real. Depois disso, não acreditei que era verdade. Não fazia sentido para mim".

Ela descreveu a casa com carpetes e papel de parede verde, um "verde de tom esmeralda". Ela aplicou sabão de arsênico na cabeceira e no papel de parede. A descrição dada por ela provocou alguns risos no tribunal. E confirmou que a casa da prisioneira era limpa. Quando foi questionada por Russell, declarou: "Não dei nada para a criança, nem comida nem remédio. O que eu sei e vi, a prisioneira foi a única pessoa a dar qualquer coisa para ele. Vi o garotinho no sábado; ele foi na nossa casa e parecia bem. Nunca ouvi a prisioneira dizer que o garoto tinha micose".

John Walton Townsend, proprietário da farmácia em West Auckland, deu o seu depoimento. Falou sobre a ida do garoto, ele não sabia o nome dele na época, até a loja para comprar sabão de arsênico que lhe foi recusado. A sra. Dodds chegou cinco ou dez minutos depois e comprou para a sra. Cotton. Ele afirmou que colocou 14 gramas de arsênico para 28 de sabão. Foster contestou essa memória, e Townsend admitiu que disse aos magistrados em Bishop Auckland que usara 7 gramas para 10. Foster entregou a ele a transcrição da audiência e pediu que lesse: "Disse aos magistrados que, pelo que se lembrava, foram 7 gramas para 10".

Ela parecia perturbada. Perguntou o que tinha acontecido, e Mary Ann respondeu que o garoto estava morto.

Ao ser questionado por Russell, manteve a afirmação de que deu 14 gramas de arsênico para 28 de sabão. Explicou que ocorreu no final da tarde, perto do fim do expediente, e que tinha registrado a venda no caderno e exibiu as anotações. Declarou que colocou arsênico no sabão e que o filho dele misturou. Afirmou que a farmácia dele não era a mais próxima da casa da sra. Cotton, o que é irrelevante, porque a loja dele também ficava bem perto. Foi uma tentativa óbvia de sugerir que evitou ir à loja mais próxima da casa dela.

Greenhow chamou para depor Thomas Riley, que se apresentou como supervisor da assistência social, verdureiro e tecelão em West Auckland. Ele informou que achava que tinha visto a prisioneira no sábado, 6 de julho, quando pediu a ela que cuidasse de um infectado por varíola. Ela se recusou porque precisava cuidar do garoto e não podia deixá-lo sozinho. Ele alegou que a expressão usada foi "amarrada por causa dele". Foi nesse momento que ela perguntou se o menino poderia ser enviado à *workhouse*, mas Riley respondeu que ela precisaria acompanhar o menino. Ele relatou que ela disse ter escrito para um tio em Ipswich pedindo que ele ficasse com a criança, mas ele se recusou. Alegou que ela indicara que era "um fardo imenso ser encarregada de um garoto que lhe impedia de receber um inquilino respeitável". Ao que parece, ela disse que o menino "não era nada dela". Riley contou que comentara sobre o sr. Mann, pois tinha ouvido o boato e perguntou a ela se era verdade que o sr. Mann se casaria com ela. Ele repetiu a resposta: "Pode ser que sim, mas o garoto era um empecilho". Ele enfatizou que o menino segurava a mão direita dele quando disse: "'Talvez isso não seja tão importante; o problema não duraria muito; ele partiria como os outros da família Cotton.' Falei, 'você não está querendo me dizer que esse garotinho saudável vai morrer?' Acho que a resposta foi 'ele não acordará'. Acho que ela quis dizer que não chegaria à vida adulta".

Ele tratou, então, sobre a sexta-feira seguinte quando, ao passar na casa da prisioneira, a viu na porta da frente. Ela parecia perturbada. Perguntou o que tinha acontecido, e Mary Ann respondeu que o garoto estava morto. Foi convidado a entrar, mas se recusou. Ele disse que ficou surpreso e foi de imediato falar com a polícia.

Ao ser inquirido por Foster, Riley admitiu que havia muita fofoca no vilarejo, mas que nunca se deparou com uma pessoa que não estivesse disposta a cuidar dos parentes do marido.

Richard William Parr deu seu depoimento. Era um dos agentes da assistência social de Bishop Auckland. Confirmou que pagava à prisioneira 1,6 xelim por semana. A última vez que a viu foi 6 de julho (seis dias antes da morte do garoto), e ela disse que o garoto era um grande inconveniente para ela e que preferia que ele fosse para a *workhouse*. Ele não podia dar essa ordem. Ele relatou que a prisioneira disse que, sem ele, conseguiria ganhar de 10 a 12 xelins por semana e que a criança não era dela. Ele disse que o garoto parecia bem, saudável e muito ativo. Quando questionado pelo juiz, Parr relatou que não dissera à prisioneira que aquele seria o último pagamento. Quando inquirido por Foster, declarou que não recebeu nenhuma instrução para acabar com os pagamentos.

Mary Tate foi a próxima. Ficou óbvio quando começou a depor que a atitude dela em relação a Mary Ann tinha mudado muito. Ela estava bem mais agressiva e hostil. Falou que foi até a casa da prisioneira no domingo de Páscoa. (Talvez seja útil para o leitor saber a situação de Mary Ann no domingo de Páscoa. Ela enterrara o bebê naquele dia, e Joseph Nattrass estava de cama, muito doente. O garoto mais velho morrera três semanas antes. Pode-se, portanto, entender que ela estava muito abalada emocionalmente quando Tate a visitou.) Ela disse que viu a prisioneira dar um tapa no menino. Falou que o rapazinho estava pedindo a laranja que recebera da sra. Smith: "Desci até a casa da sra. Cotton, e o garotinho estava chorando pedindo a laranja que ganhara da sra. Smith. Falei para ela ser gentil com a criança, e ela disse que a fruta era dela. A prisioneira tirou a laranja do bolso e colocou no fogo, afirmando que a criança não ia ficar com ela. Ela pegou a criança e bateu nela com um cinto. A espancou muito".

[...] Kilburn sugeriu que foi a surpresa diante da morte que o levou a fazer a necropsia, quando, na verdade, foi a insistência de Thomas Riley, que nem foi mencionado.

Ela declarou que subiu para ver o inquilino doente, Joseph Nattrass. Informou que Mary Ann não alimentava bem o menino, com a justificativa de que a comida não ficaria na barriga dele. Então, alegou que Mary Ann dissera que esteve em Newcastle procurando o irmão do marido e, se não fosse pela criança, ela teria se dado bem se casando com ele. Tudo isso parece um tanto exagerado e nada além de fofoca, assim como o boato sobre o sr. Mann querer se casar com ela. Além disso, só Charles Edward estava com ela na época, e, com certeza, um tio acolheria o sobrinho. Sabemos, também, por meio de uma carta, que o irmão do marido estava em Londres na época.

Ao inquirir a testemunha, Foster contestou a veracidade da fala de Mary Tate. Ela retrucou que "não falava sobre a intimidade de ninguém sem que lhe perguntassem". Ela confirmou ter dito aos magistrados em Bishop Auckland sobre o garoto ser espancado a cintadas. "Juro que é verdade", alegou. O depoimento dela em Bishop Auckland foi entregue ao juiz, e esse fato não havia sido mencionado. Por certo, ela ficou nervosa e deixou escapar algo sobre o próprio filho chorando quando "pedia para apanhar". Ela disse que a prisioneira usou a palma da mão e bateu nele na cabeça e no rosto e o puxou pelos cabelos, "não sei precisar quantas vezes falei isso".

Quando inquerida por Russell, ela afirmou que não tinha nenhuma rixa com a prisioneira, mas declarou que "não espancaria um filho dela como a prisioneira o fez". Segundo ela, a cinta pertencia ao inquilino e tinha fivela, igual às usadas pelos carvoeiros.

A audiência entrou em recesso para o almoço nesse ponto.

William Davison foi o primeiro convocado depois do recesso. Afirmou que conhecia a prisioneira havia quase dois anos, assim como o garoto. Ele o descreveu como um "menino muito branco", mas bem ativo. Disse que viu a prisioneira bater no garoto em 6 de julho, sábado. Falou que a prisioneira usou um cinto de couro dobrado. Contou que ela parou e depois continuou batendo. Quando foi questionado por Foster, ele usou a palavra "curtido" para se referir ao cinto de couro, dizendo que era algo muito útil e bem comum na região de Durham.

John Cary Hendy, secretário do sr. Trotter, foi chamado. Ele declarou que estava presente quando a testemunha anterior depôs e que a prisioneira estava presente e não questionou nada. Também apresentou ao magistrado o testemunho de Margaret Davison. Ela estava em trabalho de parto e não pôde comparecer. O depoimento foi lido para o júri. Nele, Margaret Davison jura que viu a prisioneira estapear a criança e bater a cabeça dela no batente da porta. Foi quando gritou com o marido.

Mary Priestly testemunhou na sequência. Moradora de West Auckland, só conhecia a prisioneira de vista. Em 6 de julho, ela disse que viu a prisioneira chamar o menino e, quando ele se aproximou, Mary Ann o jogou contra a parede. Ela também o chutou, de acordo com Priestly, que afirmou, ainda, que a prisioneira trancava o menino na casa por períodos longos. Ao ser inquirida por Foster, ela admitiu que também batia nos cinco filhos, "da forma correta, com o cinto desdobrado e sem fivela. Nunca chutei ou dei uma joelhada".

James Young foi o seguinte. Era, como já vimos nas audiências anteriores, representante da Prudential Insurance Company. Ele confirmou que vários valores foram pagos à prisioneira. Houve um protesto da parte de Foster sobre a assinatura em um dos papéis apresentados, mas a questão foi deixada de lado. Ele repetiu boa parte das informações que já tinha citado nas audiências de Bishop Auckland, confirmando que Charles Edward tinha seguro com a empresa dele e que nada foi pago, pois não fora entregue a certidão de óbito. Ele confirmou que o seguro tinha sido assinado por Frederick Cotton Senior. Ao ser questionado pela defesa, admitiu que muitas pessoas pobres faziam seguro com a empresa para cobrir os custos de um enterro decente.

Richard Parr foi chamado novamente para declarar que os custos do enterro de Charles Edward foram arcados pela paróquia.

A seguir, foi a vez do dr. Kilburn, que era uma testemunha crucial. Tinha acompanhado a doença da criança, determinado que a morte era decorrente de causas naturais, depois realizou uma necropsia e apresentou o resultado ao inquérito. Ao participar do julgamento, sua competência estaria aberta ao escrutínio público.

Ele começou informando seu nome e suas qualificações como cirurgião e declarou que conhecia a prisioneira desde que ela chegara a West Auckland e que atendeu outros membros da família. Ele foi chamado em 11 de julho quando estava passando pela casa da prisioneira. Visitou a criança duas vezes naquele dia e prescreveu remédios, o garoto vomitou o primeiro, e o tratamento foi substituído à noite. Declarou que a prisioneira foi a única que cuidou do falecido. Ele soube da morte no dia seguinte: "Me pediram uma autópsia. Fiquei chocado ao saber da morte do menino. Não havia qualquer indicativo na sexta-feira que me levasse a crer que ele partiria tão rápido".

[...] se o papel de parede foi responsável pelo envenenamento, pode-se perguntar por que Mary Ann e Mary Ann Dodds, a faxineira, não foram afetadas pela ingestão de arsênico.

Com esse testemunho, Kilburn sugeriu que foi a surpresa diante da morte que o levou a fazer a necropsia, quando, na verdade, foi a insistência de Thomas Riley, que nem foi mencionado. Ele confirmou que colocou o corpo do falecido em uma mesa na casa da prisioneira para realizar o exame. Descreveu o trabalho executado, como vimos antes. Kilburn tentou se justificar dizendo que teve pouco tempo para confirmar se o garoto morrera de causas naturais. Afirmou que, na época, não chegou a mencionar que estava sob tamanha pressão e que os envolvidos concordaram naquele momento com a causa da morte. Dr. Kilburn foi o único médico chamado para o inquérito. Declarou que ouvira naquela manhã que havia um papel de parede verde no cômodo, mas que discordava disso, apesar dos detalhes dados no testemunho. Confirmou, também, que enterrou parte das vísceras e colocou de volta o restante no corpo e guardou alguns fluidos separados, que foram engarrafados e trancados. Tratou, então, do teste Reinsch que realizou, outra vez sem mencionar a pressão imposta por Riley, e da descoberta da presença de arsênico. Descreveu, depois, a exumação do corpo da criança e o envio das amostras para o dr. Scattergood.

Ao ser questionado por Foster, o dr. Kilburn concordou que os remédios que o colega e ele prescreveram eram altamente tóxicos e deveriam ser manipulados com cuidado. Concordou, ainda, que o teste de Reinsch era bastante questionável pela imprecisão. Foster debateu o teste com Kilburn, destacando que, se o ácido não fosse puro, poderia indicar equivocadamente a presença de antimônio ou arsênico (antimônio é um elemento metálico de ocorrência natural). Foster estava ciente de que a descoberta de arsênico nas vísceras era o ponto central. Sabia que precisava contestar e colocar em dúvida o testemunho de Kilburn. Ao indicar que outros médicos rejeitaram o teste de Reinsch e ao mostrar que o processo era falho, estava plantando a semente da dúvida na mente do júri. Kilburn atestou que o ácido era "bem puro", mas admitiu que não fizera nenhum outro teste para confirmar o resultado. Foster o pressionou mais e perguntou se o teste revelara antimônio ou arsênico. Com isso, Foster tentou criar uma dúvida sobre as provas de Kilburn.

O juiz Archibald interveio e perguntou: "você quer dizer que foi um teste aceitável para saber se [as vísceras] continham antimônio ou arsênico?". Kilburn confirmou. Nesse ponto, Foster, de certo modo, foi bem-sucedido. Com isso, Kilburn teve de mudar a alegação de que o teste era conclusivo para "aceitável" na indicação de arsênico. Foster estava fazendo o melhor que podia para cumprir a tarefa complexa de defender Mary Ann. Ele abordou, então, a presença de arsênico no solo, Kilburn disse que enviou amostras do cemitério para o dr. Scattergood para serem examinadas. Contudo, no local em que as vísceras do corpo foram enterradas no jardim dele, havia um parquinho para crianças, e o terreno desse local não foi testado. É de surpreender que Foster não tenha tratado disso e tenha optado em focar no papel de parede verde.

Foster, que foi convocado para o caso no último minuto e que, quase com certeza, aceitou com relutância, fez o trabalho da melhor forma possível. Ele se apegava em qualquer fala favorável das testemunhas. Levantou a questão do sabão de arsênico usado para limpeza e do papel de parede verde na casa de Mary Ann, que poderia ter espalhado partículas de arsênico na cama, no chão ou nos copos. Argumentou que o garoto talvez tenha ingerido esse arsênico do ambiente ou de comida contaminada. Ele perguntou se Kilburn sabia algo sobre o arsênico no papel de parede verde. Em vez de resposta direta, Kilburn respondeu que nunca viu nenhum efeito maligno vindo desses papéis de parede. Ele concordou, contudo, que o calor poderia fazer com que vapores emanassem do papel. O juiz interveio, e Kilburn corrigiu a resposta quanto à temperatura que causaria os vapores. Kilburn "não podia dizer com exatidão, mas achava que a lareira não seria o suficiente".

Isso demonstrou sua ignorância sobre a questão. Em 1857, dezesseis anos antes, um médico de Birmingham, membro da mesma fraternidade médica que Kilburn, registrou que sofria com vômitos, cólicas abdominais e tontura todas as noites; sintomas que cessavam quando ia para a cama. Ele sentia dores contínuas durante os ataques. Só quando percebeu que os sintomas ocorriam apenas nos períodos em ficava no estúdio onde se sentava diante da lareira para ler, que ele testou o papel de parede verde e descobriu que era o arsênico do revestimento o causador daqueles sintomas. Ele tirou o material do cômodo, e o problema acabou. Escreveu, "... um lento envenenamento em massa está acontecendo na Grã-Bretanha".

Foster pressionou mais: "Você sabia que as pessoas têm sofrido de envenenamento crônico por arsênico e algumas chegam a morrer por viver em cômodos cobertos com papel de parede impregnado por essa substância?".

Kilburn respondeu: "Ouvi falar; mas acho que não é muito provável. A intoxicação causaria vermelhidão nos olhos, irritação nas narinas e cólicas no estômago, mas não acho que um papel de parede causaria a morte".

Era um argumento questionável e outra demonstração de ignorância de Kilburn, que tinha se apresentado como especialista. *The Lancet*, um periódico médico respeitável lido pela maioria dos cirurgiões, publicara um relato sobre um garoto de 3 anos que morrera de envenenamento por arsênico. O quarto dele estava "coberto de arsênico em pó". Em 1859, Alfred Hassall, cientista médico, via com ceticismo a hipótese de papel de parede verde ser fonte de um possível envenenamento. Contudo, quando pesquisou, concluiu que o papel verde vendido nas lojas mais baratas espalhava pó de arsênico. É razoável presumir que o papel de parede verde na casa de Mary Ann em West Auckland era dos mais baratos do mercado. Dodds testemunhou que, quando limpava a casa, ela esfregava sabão de arsênico no papel de parede, uma atividade que poderia fazer o arsênico do papel se espalhar no ar. Além disso, Foster ressaltou que, por causa do problema com a substância, o papel de parede verde fora banido da Prússia. Kilburn disse ter ouvido falar no assunto, o que levanta a questão sobre o motivo de ter desprezado a possibilidade dos riscos oferecidos pelo papel de parede verde. O interrogatório, então, se voltou para o sabão de arsênico.

É um tanto surpreendente que a questão do papel de parede não tenha sido explorada mais. Em 1862, dez anos antes, quatro crianças em Limehouse, Londres, morreram em um período curto de tempo. Elas apresentaram sintomas de problemas respiratórios, dores de garganta e no estômago, febre alta etc. Os médicos suspeitaram de difteria. Contudo, o oficial de saúde pública Henry Letheby descobriu que o quarto das crianças tinha papel de parede verde com 33 gramas de arsênico por metro quadrado, uma dose letal. As condições eram semelhantes às da casa de Mary Ann, mas, se o papel de parede foi responsável pelo envenenamento, pode-se perguntar por que Mary Ann e Mary Ann Dodds, a faxineira, não foram afetadas pela ingestão de arsênico. Na época, muitos relatos afirmavam que nem todos os moradores eram afetados pela intoxicação vinda dos revestimentos verdes. Parece que apenas aqueles que apresentavam "condição física desfavorável" eram acometidos pelos sintomas.

Foster tentou aprofundar a questão do sabão de arsênico como causa do envenenamento. A absorção da substância pelas mãos imersas em água com o sabão de arsênico era algo a se considerar. Mas foi descartado pelo dr. Kilburn, e Foster encerrou fazendo o médico concordar que o corpo do garoto não apresentava sinais de maus-tratos nem quaisquer marcas ou ferimentos.

Russell, ao retornar o questionamento, abordou os remédios prescritos, o papel de parede verde e o sabão de arsênico, e Kilburn ficou mais do que feliz em concordar que nada disso tinha causado a morte do garoto.

O assistente dele, Chalmers, foi chamado para depor e falou sobre o tratamento da criança, descrevendo os sintomas e as prescrições. Ele disse que os medicamentos não surtiram o menor efeito. O juiz perguntou sobre a segurança tóxica dos remédios, diante do que Chalmers respondeu que eram bem seguros, "apenas algumas doses mínimas de ácido prússico" eram prescritas.

Foster questionou Chalmers sobre o lugar onde ficavam os venenos no consultório. Eles eram guardados em prateleiras separadas, mas, entre eles, havia arsênico (tanto em pó quanto em solução), ácido prússico e itens assim. Foi perguntado qual era a distância entre o frasco de arsênico e o de ácido prússico. Chalmers não sabia dizer ao certo, supôs que era o quarto ou quinto frasco. Foster insistiu e perguntou onde o frasco de ácido prússico ficava, e, de novo, Chalmers disse que não tinha certeza, mas "achava que próximo ao final da prateleira, que tinha entre oito e dez frascos". Ao perceber o ponto a que Foster queria chegar, Chalmers foi evasivo e conflitante no testemunho. Foster perguntou das distrações causadas por pacientes que compareciam ao consultório, e Chalmers concordou que sempre havia alguém esperando atendimento. Essa linha de interrogatório não foi muito longe, e Chalmers confirmou que Mary Ann estava muito ansiosa para que alguém atendesse o garoto. Até o ponto em que podia julgar, ela demonstrou todo o carinho e preocupação que uma mãe deveria ter.

> ## "Pelos indícios que encontrei na análise, a presença de veneno no estômago e nas outras vísceras, concluí que o falecido morreu de envenenamento por arsênico."

Russell questionou novamente Chalmers para refutar qualquer insinuação de que a prescrição tivesse sido preparada de forma incorreta. Ele fez com que Chalmers declarasse seu histórico profissional e a experiência que tinha com medicamento. "Na verdade, é o meu trabalho." E declarou que não cometeu nenhum erro e que tudo que preparou para a criança não lhe faria mal.

Thomas Hutchinson foi chamado e declarou que era sargento de polícia em West Auckland. Ele mencionou mais uma vez a visita que fez à prisioneira em 13 de julho, um dia depois da morte da criança. Ele lhe disse que o médico não faria a certidão de óbito e que haveria um inquérito. Quando ela perguntou o motivo, ele disse que os médicos não queriam emitir. Então, declarou para o júri a resposta de Mary Ann: "As pessoas estão dizendo que eu o envenenei; mas não tenho culpa. Fiz um pedido ao sr. Riley e à assistência social para mandá-lo para a *workhouse*".

Ela falou que tinha escrito para o tio do garoto para que ficasse com ele, mas ele não quis. Também disse a Hutchinson que teve muitos problemas com a família Cotton, com tantas mortes em pouco tempo. Registrou-se, ainda, que ela disse que era apenas a madrasta e que não tinha obrigação de ficar com o garoto, acrescentando que "me impedia de ganhar dinheiro". Hutchinson citou a busca que fez na casa com o superintendente Henderson, em 18 de julho, onde encontrou alguns pós e pílulas. (Esses itens foram analisados e inocentados pelo dr. Scattergood.) Depois confirmou que estava presente na exumação e que levou as amostras colhidas para o dr. Scattergood. Ao ser questionado por Foster, acrescentou que encontrou alguns frascos de remédios vazios e um pouco de "zarcão", mas nada mais. Ao ser questionado, disse que tudo que empacotou havia sido transferido para o sr. Lockwood (assistente do dr. Scattergood).

O dr. Kilburn foi chamado novamente para confirmar que não removeu nenhum dos frascos com remédios e que não viu o pacote sendo embalado.

Convocaram Lockwood para confirmar o recebimento dos itens de Hutchinson e a entrega deles para o dr. Scattergood.

O superintendente Henderson fez uma declaração curta sobre ter prendido a prisioneira e informou que, quando falou com ela, Mary Ann não respondeu nada. Ele descreveu a busca na casa e declarou que só foram encontrados araruta, zarcão e algumas pílulas.

A próxima testemunha seria o dr. Scattergood, mas estimou-se que o depoimento dele seria longo. A audiência entrou, portanto, em recesso por volta das 17h30.

A sessão reiniciou-se no dia seguinte, 6 de março de 1873. Mary Ann entrou na sala do tribunal, e relatos afirmam que parecia muito pálida e "um pouco trêmula". Quando a audiência começou, Russell chamou o dr. Kilburn de volta para confirmar o peso do conteúdo do estômago, que era de 70 gramas, colocado em frasco limpo antes de ser enviado ao dr. Scattergood. Foster aproveitou a oportunidade para questionar, de novo, o posicionamento dos frascos de remédios no consultório de Kilburn. Perguntou sobre a pureza do bismuto que usou, e o médico admitiu que não analisou o pó para aferir a pureza — Foster sabia que o bismuto, por vezes, apresentava traços de arsênico.

Dr. Scattergood foi convocado. Depois de listar suas qualificações como especialista no tema sobre o qual testemunharia, confirmou que Hutchinson entregou as amostras de Charles Edward Cotton a Lockwood, que, por sua vez, as repassou para Scattergood. Também confirmou ter recebido os itens removidos da casa de Mary Ann e constatou que eram zarcão, araruta, bórax e algumas pílulas com raízes vegetais. Não foi encontrado veneno entre eles. O fluido que recebera de Kilburn, segundo ele, continha

Quando questionado pelo juiz se tinha ciência de alguma morte causada pelo papel de parede verde, respondeu que "não tinha lido sobre nenhum caso".

por volta de 32 mg de arsênico. Disse que lavou o estômago porque estava coberto de terra e apresentava inflamações e vermelhidões em algumas áreas. Confirmou que encontrou arsênico também nos intestinos, fígado, coração, pulmões e rins. Russell perguntou a Scattergood se a ingestão do veneno foi em dose única ou ao longo de um período de tempo. Ele detalhou os processos da progressão do arsênico pelo corpo e disse que era da opinião de que a ingestão foi ao longo de um período. Descartou a hipótese de que os remédios prescritos pelos médicos pudessem causar a morte. A quantidade administrada teria de ser muito grande para que sobrassem os resíduos que ele encontrou. A conclusão dele foi definitiva: "Com base nos meus estudos, cheguei a um resultado sobre a morte da criança. Pelos indícios que encontrei na análise, a presença de veneno no estômago e nas outras vísceras, concluí que o falecido morreu de envenenamento por arsênico. Essa é a minha opinião objetiva e inconteste".

Russell perguntou se Scattergood realizara outras três análises. Diante disso, Foster protestou. Seguiu-se, assim, uma discussão sobre precedentes legais. Foster queria que o júri não participasse da argumentação, mas o juiz Archibald negou, pois as questões já haviam sido discutidas nas audiências em Bishop Auckland. O debate, desse modo, prosseguiu com Russell e Foster citando casos para sustentar suas respectivas opiniões. Foster citou os casos de Regina v. Holt,* Regina v. Gearing e Regina v. Faidge para sustentar a alegação de que tais provas eram inadmissíveis e citou *Taylor on Evidence*** ao prosseguir a argumentação.

Tanto Russell quanto o juiz se referiram aos casos Regina v. Garner e Regina v. Geering para sustentar que as provas poderia ser admitidas. O juiz ouviu o debate sobre o tema e, depois, se retirou da sala do tribunal para se consultar com Baron Pollock. Baron Pollock tinha o título de Conselheiro da Rainha, recentemente havia recebido o título de cavaleiro e se tornara membro da Exchequer of Pleas.*** Ele era considerado um dos melhores juristas da Inglaterra, e as opiniões dele sobre procedimentos processuais tinham muita relevância. Não dá para subestimar a importância da decisão tomada sobre a admissão das provas dos outros três casos: Nattrass, Frederick Cotton Junior e o bebê Robert Robson Cotton. Se as provas fossem acolhidas, Mary Ann seria vista com uma assassina em série, sem o benefício de ter um julgamento adequado dos três casos, o que prejudicaria o direito de Mary Ann a um julgamento justo. (Em 1898, foram dados os primeiros passos para lidar com o princípio de que a promotoria poderia apresentar o "mau-caratismo" como prova. Mas, mesmo em 2003, essa questão ainda estava sendo debatida.)

Depois de consultar todas as autoridades citadas, foi tomada a decisão de que as provas deveriam ser acolhidas. Esse golpe foi destruidor para a defesa de Mary Ann. Russell, ciente da possível alegação de injustiça e de olho em qualquer apelação por esse motivo, perguntou ao juiz se ele limitaria alguma pergunta, e a resposta foi negativa. Diante disso, Scattergood foi chamado de volta e continuou a apresentar suas provas.

---

* O termo "Regina v." em casos jurídicos britânicos indicam que a rainha, ou seja, o governo é uma das partes da ação. Nesse caso, trata-se do Governo Britânico versus Holt. [NT]

** Refere-se ao livro *A Treatise on the Law of Evidence: As Administered in England and Ireland*, escrito pelo juiz John Pitt Taylor, publicado originalmente em 1848. [NT]

*** Ou Court of Exchequer, corte especial que existiu na Inglaterra para lidar com questões de princípios jurídicos ligados a todos os ramos do direito. Esse órgão deixou de existir em 1880. [NT]

Scattergood abordou a questão do sabão de arsênico e descreveu o procedimento necessário para obter pó de arsênico a partir dele. Realizou testes com sabões similares ao usado pela prisioneira e obteve 390 mg de arsênico. Ao ser questionado pelo juiz se o sabor era semelhante ao do sabão em pó, Scattergood disse que não encontrou vestígio de sabão. O juiz perguntou, de novo, se o sabão em pó exposto à atmosfera não teria secado. Scattergood concordou que isso acontecia quando o sabão era aplicado em um trapo, e que o arsênico era um pó seco. Scattergood também admitiu, quando questionado por Foster, que o papel de parede verde continha quantidades significativas de arsênico e era perigoso. Diante do questionamento de Foster sobre o motivo, afirmou que, quando a substância verde se desgasta, ela cai conforme o papel seca e se espalha no ar. Também se espalharia se as paredes fossem varridas ou escovadas na limpeza. Scattergood concordou que essa dispersão de arsênico causaria problemas de saúde. Quando questionado pelo juiz se tinha ciência de alguma morte causada pelo papel de parede verde, respondeu que "não tinha lido sobre nenhum caso".

De novo, isso demonstrou ou uma grande ignorância por parte do "especialista" em venenos ou que se tratava de um médico dissimulado. Como citado antes, casos documentados eram de conhecimento público, em especial em publicações médicas.

Quando pressionado pelo juiz e Foster, Scattergood concordou que o veneno poderia estar presente no quarto tanto por causa do papel de parede quanto pelo sabão de arsênico ressecado na cabeceira. Mas Scattergood insistiu que tudo isso era irrelevante e que mantinha a conclusão de que o garoto havia morrido de envenenamento por arsênico. Scattergood encerrou o testemunho declarando que, mesmo que o bismuto fosse impuro, não causaria qualquer "efeito maléfico".

Phoebe Robson foi chamada e repetiu o testemunho dado em Bishop Auckland. Falou sobre a doença e as mortes dos dois enteados, Frederick Junior e Charles Edward, do filho de Mary Ann, Robert Robson, e de Joseph Nattrass. Nesse último caso, ela descreveu em detalhes as agonias horríveis sofridas por Nattrass. De novo, declarou que só a prisioneira cuidou de Nattrass e dos dois garotos. Questionada por Foster, disse que a sra. Tate lavava roupas para Mary Ann, e, durante a doença de Nattrass, a sra.

McKeiver lavou as roupas na casa dela. Ela nunca viu nenhuma lavagem na casa da prisioneira e não sabia se era usado sabão em pedra ou em pó.

Os dois irmãos Taylor foram inquiridos individualmente. Confirmaram o período que passaram na casa da prisioneira como inquilinos. Durante o testemunho e o interrogatório, tanto da acusação quanto da defesa, descreveram a morte de Nattrass e dos garotos, Frederick Junior e Robert Robson. William Taylor falou das refeições que compartilharam, feitas por Mary Ann, e a rotina do trabalho e da casa. Ele nunca viu a prisioneira e Nattrass discutirem. Declarou que Mary Ann era gentil e atenciosa com Nattrass. Ao ser questionado, declarou que as duas crianças e Nattrass adoeceram e morreram em um intervalo de 21 dias. Disse que ela lavava roupas para ele, mas que nunca a viu lavando e não sabia de nenhum inseto ou do uso de sabão de arsênico. William Taylor partiu antes da morte de Charles Edward. Falou que, depois da morte de Nattrass, Mary Ann contratara uma mulher para limpar e cozinhar, o que contraria outras alegações de que Mary Ann preparava a comida e cuidava do falecido sozinha. Confirmou, também, que ela foi contratada para cuidar do sr. Mann.

O irmão dele falou apenas sobre a doença das duas crianças e deu alguns detalhes da doença de Nattrass. Ele falou que a prisioneira cuidou dos doentes sozinha. Quando questionado, declarou que a prisioneira era sempre gentil e atenciosa com Nattrass e as crianças. Mencionou, em especial, o bebê Robert Robson e descreveu Mary Ann cuidando dele com muito carinho. Disse que Nattrass vivia bem em casa. Ele mesmo lavava suas roupas e não ouviu nenhuma reclamação sobre insetos. Ele saiu da casa depois da morte de Nattrass e antes da morte de Charles Edward.

O dr. Richardson, que atendeu Nattrass durante a doença, descreveu o estado de saúde e o tratamento. Três dias antes de morrer, ele disse ao médico que estava melhorando e que "se sentia melhor". A morte do paciente fora, portanto, uma surpresa para ele. Confirmou ter atestado morte por causas naturais. Quando questionado por Foster, Thomas Campbell Foster, Richardson detalhou os remédios (morfina e acetato de chumbo) que prescreveu para os sintomas que, na opinião dele, advinham de febre tifoide. Ele disse que a prisioneira o procurou três vezes para pedir remédios para Nattrass e pediu que fosse vê-lo com urgência. Ele testemunhou: "Nas sete vezes que o vi, ele nunca disse nada contra a prisioneira, mas falou algo sobre ela ser muito gentil. Ele morreu, e a prisioneira perdeu um bom inquilino. Entendi, a partir de uma conversa com a prisioneira, que ele estava em vias de se casar com ela".

À pergunta de Russell, Richardson respondeu que apenas tratou da dor de Nattrass. Acreditava, ainda, que o homem sofria da doença de Bright e atestou que a morte seria consequência da febre tifoide mais as complicações renais. Nesse ponto, há uma confusão. No depoimento da audiência em Bishop Auckland, ele declarou que a causa da morte era envenenamento por arsênico, mas em Durham voltou à causa da morte original, problemas renais.

Ele esclareceu que o crime era chocante, mas tinha sido cometido por alguém. Alguém que, de modo deliberado, administrou veneno a uma criança.

Dr. Kilburn foi chamado de volta e confirmou que atendeu as outras duas crianças, mas não Nattrass. Confirmou que as mortes foram atestadas como decorrentes de causas naturais: febre tifoide no caso de Frederick Junior e convulsões decorrentes da erupção dentária no caso de Robert Robson. Falou sobre a exumação das crianças e de Nattrass e do envio das amostras para Scattergood. Kilburn declarou que a prisioneira era gentil com as crianças e que não suspeitou de maldade. Afirmou que, devido ao resultado da análise de Scattergood, acreditava que as mortes tinham sido causadas por envenenamento por arsênico. Afirmou, ainda, que soube que a prisioneira tinha adoecido naquela época, mas não soube dos sintomas.

Dr. Scattergood foi chamado de volta e detalhou os casos de Frederick Junior, Robert Robson e Nattrass. Para ele, todos morreram de envenenamento por arsênico. Declarou que discordava dos atestados dos outros médicos. Kilburn e Chalmers declararam que as certidões foram assim emitidas porque era o que acreditavam no momento. Kilburn apresentou sua nova opinião, isto é, de que as três outras mortes foram, de fato, causadas por envenenamento por arsênico. Dr. Richardson, contudo, não mudou sua declaração de que o atestado de morte por causas naturais de Nattrass estava correto.

Com isso, Russell declarou encerradas as provas da acusação.

Depois, seguiu-se uma discussão entre o juiz, a promotoria e o advogado da defesa.

O juiz Archibald interveio. Ele queria esclarecer o que Russell tinha apresentado e indagou: "Há provas de envenenamento por arsênico, mas não contra a prisioneira, a menos que se baseie no fato de que não havia mais ninguém lá. Qual é a prova de que havia veneno na casa naquela época?".

Russell respondeu: "Acho que é impossível montar um caso com provas circunstanciais mais fortes do que essas. Há a posse, de fato, do veneno".

Esse era um ponto crucial. Russell defendeu um caso de envenenamento por arsênico e apresentou provas testemunhais para sustentá-lo. O que não provou foi que, na época da morte de Charles Edward Cotton, Mary Ann, de fato, possuía arsênico. O juiz respondeu que foi apresentado que a prisioneira tinha posse de arsênico seis semanas antes da morte de Charles Edward Cotton. O juiz Archibald destacou o fato de que a polícia não encontrou veneno quando vasculhou a casa de Mary Ann. Russell, claramente frustrado, disse que chamaria outra testemunha, mas Foster protestou; Russell havia encerrado a produção de provas da acusação e não poderia reabri-la. O juiz repreendeu Russell dizendo: "Se você tinha prova de que Mary Ann possuía o veneno, devia tê-la apresentado".

Ficou claro que Russell estava contrariado e deu uma resposta estranha: "Até mesmo sugerir isso é questionável". Não ficou claro o que Russell quis dizer, mas dá pistas de que ele estava preocupado com a falta de força de sua argumentação. O juiz pareceu ajudar Russell: "Você baseou seu caso no fato de que ela [Mary Ann] estava sozinha em casa?".

Russell entregou ao juiz o depoimento de Jane Hedley, feito nas audiências de Bishop Auckland. Hedley estava no hospital da cidade em trabalho de parto e não foi ao tribunal. Nesse ponto, de novo, vemos problemas com os procedimentos legais. O juiz havia deixado claro que a produção de provas da acusação estava encerrada, e, portanto, Russell não poderia chamar outra testemunha; ainda assim, permitiu a inclusão de mais provas.

Enquanto o juiz lia, Russell pareceu repreender o juiz: "Se Vossa Excelência tivesse prestado atenção à minha denúncia, teria visto que me referi à forma como foi entregue e usado depois da morte de Nattrass e antes da morte da criança".

O juiz começou a falar de novo e houve uma série de interrupções: "Há provas de que seis semanas antes da morte de Charles Edward...". Russell interveio: "mas se não há nenhuma prova...", seguido por Foster: "tenho anotado o que meu amigo falou, 'seis semanas antes da morte da criança', são seis semanas depois da morte dessas outras três pessoas".

Russell, pego desprevenido, se dirigiu ao juiz e disse que aquilo não era importante. O juiz retrucou e falou que precisava pensar sobre o assunto e declarou que a produção de provas da acusação estava encerrada. Russell perdeu esse debate.

"Estaria mentindo se, a essa altura, não pudesse dizer que cumpri minha promessa e provei o que afirmei no início dessa acareação; que detalharia um dos crimes mais perigosos, chocantes e atrozes que já marcou a honra e a história deste país; e que provei a acusação de que a morte foi ocasionada pela administração deliberada de veneno."

Foster se dirigiu ao juiz: "Peço a Vossa Excelência que desconsidere todas as provas diante da demonstração de que não houve posse de veneno antes da morte de Frederick Cotton, Robert Robson Cotton e Nattrass". Foster estava defendendo que qualquer prova de envenenamento, nos três casos apresentados, deveria ser desconsiderada uma vez que não havia prova de que Mary Ann possuía veneno. Russell rebateu argumentando que a posse da substância "não tinha nada a ver". Fundamentado no caso Gearing citado anteriormente, o juiz declarou que era justificável detalhar o histórico familiar. E se recusou a aceitar o argumento de Foster de que as provas de Scattergood seriam injustificáveis apenas a partir dos questionamentos submetidos durante a defesa de morte acidental ou por causas naturais de Charles Edward Cotton. A acusação tinha o direito de mostrar que houve uma série de mortes suspeitas. Foster sabia que tinha perdido nesse ponto, mas, para que fosse incluído nos autos, declarou que não foi demonstrado que a prisioneira possuía veneno quando as outras três pessoas morreram. Avisou, então, que não chamaria nenhuma testemunha.

A falta de testemunhas para Mary Ann indica a péssima defesa feita por Smith em Bishop Auckland. Ele não tinha, como deveria, reunido testemunhas para falar a favor de Mary Ann. Havia pessoas em West Auckland e de seu passado que teriam relatado aspectos positivos de seu caráter. Não se pode culpar Foster por isso; ele recebera muito tarde as informações do caso e teve dois dias apenas para examinar as provas apresentadas nas audiências em Bishop Auckland. Ele também não teve tempo para formular um estudo mais detalhado sobre o papel de parede verde, e, portanto, o que restou a Mary Ann foi uma defesa um tanto incompleta.

Após a declaração final de Foster, a sessão foi suspensa até as 10 horas do dia seguinte.

Mais tarde, na sexta-feira, foi noticiado que Mary Ann estava muito ansiosa com o dia seguinte. Não era tola e percebeu que sua defesa não tinha sido das melhores. Estava preocupada até com a falta que faria o dinheiro para pagar um advogado. Apesar de lhe garantirem que não era o caso, as ansiedades se mantiveram. O julgamento ainda atraía muito interesse público, e, assim como nos outros dias, a sala do tribunal estava lotada tanto de ricos e poderosos quanto da população em geral. A multidão incluía as distintas senhoras de Durham, que estavam muito curiosas em relação à mulher desafortunada diante delas.

O jornal *The Shields Daily Gazette* descreveu a cena na sala do tribunal:

> Ela [Mary Ann] ocupou, de novo, o assento em frente à bancada, de onde se levantou várias vezes para dar instruções ao advogado. Embora parecesse firme diante da situação, seu semblante exibia os traços inconfundíveis da ansiedade antes do resultado do julgamento.

Os lábios tremeram várias vezes durante a apresentação do sr. Russell, mas, quando sr. Foster começou a falar da falta de motivos para os assassinatos e do tratamento que dava ao filho, ela soluçou, quase como se estivesse com o coração partido. Contudo, ela se acalmou rapidamente e, depois, ouviu com atenção os vários pontos levantados em seu favor; mas, no restante do dia, ainda manifestou sintomas de preocupação e desespero que não eram perceptíveis nas feições dela até aquele momento.

Foster iniciou convocando a sra. Dodds e lhe questionando sobre Mary Ann, alegando que ela ficou doente depois da morte do garoto. Parece que Mary Ann ficou doente, se queixou de dores de cabeça e garganta e pediu que a sra. Dodds chamasse o dr. Kilburn. Ele não estava no consultório, e ela falou com o dr. Chalmers. Ele disse que, como Mary Ann não era mais atendida pelo serviço social, não cuidaria dela. Quando perguntaram para qual cama Mary Ann tinha sido levada, Dodds confirmou que fora para a mesma em que o garoto estivera doente.

Russell começou a resumir o texto da acusação. O júri se inclinou para a frente com muita atenção. Sua voz era intensa e envolvente enquanto enfatizava as circunstâncias da morte de Charles Edward Cotton. Russell qualificou a história como "triste e comovente" e destacou algumas conclusões que, tinha certeza, seriam as mesmas dos jurados. Com sua reputação de Q.C., era esperado que seu discurso para o júri fosse dramático e persuasivo; reportagens atestam que ele não desapontou as expectativas. Ele esclareceu que o crime era chocante, mas tinha sido cometido por alguém. Alguém que, de modo deliberado, administrou veneno a uma criança. Disse que queria ser justo com a prisioneira e com o júri explicando por que a prova colateral* do dia anterior fora admitida. Segundo ele, a lei deixava claro que quando houvesse uma série de ocorrências de

---

* Termo jurídico inglês sem correspondência com o sistema jurídico brasileiro. Significa que uma questão colateral (ou seja, uma questão extra ao julgamento) pode unicamente afetar a credibilidade de uma testemunha, e o jurista (promotor ou advogado de defesa) que a estiver inquirindo é proibido de chamar outras testemunhas ou produzir provas para contraditar essa testemunha. Nesse caso, refere-se ao depoimento do dr. Scattergood, no qual ele mencionou a morte pela mesma natureza de outras pessoas. Contudo, tais mortes não foram julgadas e não eram objeto desse julgamento. [NT]

natureza semelhante e nas mesmas condições, como era o caso, todas deveriam ser consideradas, e o juiz tinha sido sábio ao admitir essas provas. O júri tinha tomado conhecimento, portanto, da morte de Frederick Cotton Junior, Robert Robson Cotton e Joseph Nattrass. A descrição das doenças era a mesma, assim como os sintomas, e, de fato, as mortes tiveram a mesma causa. No entanto, lembrou aos jurados, não estavam ali para julgar as três mortes anteriores, mas, sim, focar na acusação contra Mary Ann, ou seja, se ela havia assassinado de forma deliberada o enteado, Charles Edward Cotton, por meio de administração de veneno. Reafirmou que era correto admitir as provas das outras mortes e que, ao considerar a acusação do assassinato de Charles Edward Cotton, o júri precisava estar ciente dessas mortes. Os jurados não deveriam superestimar esses fatos, todavia tampouco deveriam menosprezá-los. Ele usou as provas para refutar uma eventual alegação de que a morte teve causas naturais ou era decorrente de administração acidental de veneno. Continuou dizendo que não falaria da história pregressa de Mary Ann, mas precisava apontar um fato. Isabella Smith apresentou a prova de que a prisioneira, na época conhecida como sra. Mowbray, teve considerável experiência com enfermagem e administração de medicações. Ela teria adquirido certo conhecimento sobre o uso de medicamentos, sua aplicação e as circunstâncias em que são usados. O júri soube que ela também já foi conhecida como sra. Ward. Desse modo, o levou a pensar em Frederick Cotton Senior, que morrera três meses depois de chegar a West Auckland. Abordou as mortes na casa e os inquilinos que partiram. O esvaziamento de uma família seria algo relevante para o júri. Ele disse que, em 6 de julho, a casa havia se reduzido a duas pessoas. Russell seguiu descrevendo o cenário em torno de Mary Ann, a madrasta da criança, sozinha com uma criança de 7 anos, um garoto que não desejava e que tentou enviar para a *workhouse*. "Ele era um empecilho para ela, um problema de que ela estava disposta a se livrar, de que inclusive já tentara se livrar, mas não conseguiu." Afirmou que ela não demonstrara carinho materno de verdade na vida breve dele. Mais de uma testemunha disse que Charles Edward era um menino pálido, mas ativo e saudável. Russell foi bem dramático quando acrescentou: "Até mesmo a infelicidade da vida, que parece não ter sido iluminada pelo amor materno, não pôde abafar a alegria espontânea plantada no peito dele".

Todos em um júri vitoriano se comoveriam com Russell. Ele prosseguiu declarando que, em 6 de julho, não havia nenhum sinal que indicasse qualquer tipo de doença. De novo, aplicou seu estilo dramático: "Naquele mesmo dia, quando a prisioneira reclamou que o garoto não seria entregue à *workhouse* e que ela sentia medo de que o auxílio financeiro cessasse, aquela criança saudável adoeceu. Sua breve vida se acabou, como o broto que murcha ao ser arrancado da árvore".

Eram palavras poderosas. Russell relacionou o desejo de se livrar da criança com a morte repentina que reduziu seu futuro como o "broto da árvore" que perde a chance de florescer.

Esse era um caso mais sério porque pela manhã estava saudável, tendo se recuperado do surto da erupção dentária, mas, à noite, teve convulsões e, por consequência, morreu.

Ele se voltou para o testemunho de Kilburn e defendeu o diagnóstico inicial do médico que declarou a morte por causas naturais. O cirurgião do vilarejo teria relutado em admitir o mal como causa. Teve dúvidas e decidiu por uma análise que levou à descoberta da maldade. (Não era verdade. Foi a insistência de Thomas Riley que o levou a repensar, o que nunca foi mencionado.) Ele, então, informou aos jurados que teriam de decidir se a morte tinha sido causada por veneno. E, em caso afirmativo, se o veneno teria sido administrado de forma acidental ou deliberada. Nesse ponto, se referiu às três outras mortes e suas similaridades, exceto pela do bebê Robert Robson Cotton. Esse era um caso mais sério porque pela manhã estava saudável, tendo se recuperado do surto da erupção dentária, mas, à noite, teve convulsões e, por consequência, morreu.

Retomou, então, as provas do dr. Scattergood e a descoberta das diferentes quantidades de arsênico no corpo de Frederick Cotton Junior (65 mg dissolvido e 8 mg não dissolvido), Robert Robson Cotton (uma quantidade pequena), Joseph Nattrass (320 mg) e Charles Edward Cotton (por volta de 130 mg). Afirmou que esses fatos confirmavam ter sido o veneno a cauda das mortes. Além disso, prosseguiu, o dr. Scattergood chegou à conclusão de que o envenenamento foi causado por doses recorrentes ao longo de determinado período de tempo e foi administrado por via oral. Russell se voltou para a questão da intencionalidade. O júri precisava decidir se o arsênico tinha sido dado de forma deliberada. Para isso, abordou os argumentos de Foster sobre o envenenamento ter ocorrido por outros meios.

Referiu-se à hipótese de o sabão de arsênico ter sido a causa da intoxicação, mas lembrou a opinião de Scattergood sobre doses repetidas. A hipótese de que o garoto ingeria sabão com regularidade parecia improvável devido à natureza nauseante e desagradável do produto. Ele, então, descartou a ideia de um possível erro na prescrição dos remédios. Citou Kilburn, Chalmers e Scattergood, que refutaram essa possibilidade. Falou do uso de água com arsênico para lavagem do garoto e, mais uma vez, usou a declaração de Scattergood, de que nunca tinha ouvido falar de nenhuma morte decorrente disso. Ao tratar da opção do uso do sabão de arsênico na limpeza da cabeceira da cama como causa possível da pulverização do veneno no ar e no chão, onde o garoto pode ter derrubado o pão que comia, ressaltou a conclusão de Scattergood de que isso não justificaria a presença da substância no estômago do garoto. Russell, então, lançou a pergunta: o envenenamento acidental poderia justificar as quatro mortes das quais o júri tomou conhecimento? Outra vez fez uso de sua habilidade oratória ao se dirigir ao júri: "Estaria mentindo se, a essa altura, não pudesse dizer que cumpri minha promessa e provei o que afirmei no início dessa acareação; que detalharia um dos crimes mais perigosos, chocantes e atrozes que já marcou a honra e a história deste país; e que provei a acusação de que a morte foi ocasionada pela administração deliberada de veneno".

Convidando, portanto, os jurados a concordar com seu argumento, sugeriu que pensassem em quem administrou o veneno de forma intencional. Eles, continuou, saberiam por experiência própria que ninguém seria capaz de testemunhar o arsênico ser de fato preparado e dado a uma pessoa. Seria uma situação inacreditável alguém se permitir ser visto cometendo um crime "que faz a pele se arrepiar e o sangue gelar". Russell afirmou, desse modo, que, se não era possível ter uma testemunha ocular do envenenamento, a busca seria por aquele que tivesse motivos para tanto. Estava claro que defendia que ninguém a não ser a prisioneira teria tais motivos. Para isso, destacou o seguro de vida do jovem, que a prisioneira teria recebido. O juiz interveio nesse ponto e lembrou o júri de que foi o pai do garoto quem contratara o seguro. Russell defendeu que foi Mary Ann quem assinou a proposta e que, sem o pai por perto, a madrasta se beneficiaria. Com isso, se voltou para os sentimentos de Mary Ann em relação à criança e sua conduta. Destacou os depoimentos sobre Mary Ann ter sido violenta com a criança e trancá-la fora de casa. Mencionou o depoimento que afirmava que o garoto era uma "amarra" e que "não tinha qualquer gentileza materna com ele". Disse ao júri que Mary Ann tentou mandar o garoto para uma *workhouse* e que teria dito ao sr. Riley que o menino era um "empecilho" e que "não chegaria a acordar". Riley indagou se ela estava querendo dizer que aquele garotinho saudável ia morrer, e, na sexta-feira, o garoto de fato se foi. Russell tratou de novo sobre a relevância das outras mortes. "Ele não acordou e se foi como o restante dos Cotton, para a assombro do dr. Kilburn e do sr. Chalmers, que nunca consideraram a doença grave."

O juiz ressaltou que a prova diante deles poderia parecer sugerir a inocência da prisioneira, ao procurar socorro médico, por exemplo, ou poderia ser vista como uma tentativa de ocultar a maldade.

Russell disse que queria detalhar dois pontos antes de prosseguir. O primeiro era sobre a testemunha que falou da grave ansiedade da prisioneira em conseguir atendimento médico para a criança. De fato, seria a atitude esperada de uma pessoa inocente e preocupada. Contudo, uma pessoa culpada agiria da mesma forma se desejasse disfarçar sua atividade criminosa. E alertou os jurados para não se preocuparem muito com essa questão. Então, tratou dos meios usados para envenenar a criança. Defendeu que havia sido demonstrado que, seis semanas antes da morte do garoto, West Auckland recebera um carregamento de arsênico, região com muitas farmácias. Ele se referiu a "pessoas que contaram que a prisioneira esteve em Newcastle", mesmo não tendo levado essas testemunhas para a audiência. Também foi mostrado que uma pessoa habilidosa poderia produzir arsênico a partir do sabão. Russell lançou, então, a questão sobre quem teria a oportunidade para administrar o veneno ao garoto. A casa tinha se esvaziado a ponto de só estarem lá a prisioneira e a criança. Quem mais poderia ser culpado?

Russell pediu aos jurados, de novo, que refletissem com muito cuidado se havia qualquer dúvida razoável de que a prisioneira envenenou o garoto. Se havia, era o dever solene deles apontar isso. Disse que ele e sua equipe fizeram o trabalho penoso de lhes apresentar as provas. Acreditava que fora justo, que apontou os fatos e que, agora, caberia a eles avaliar as provas e decidir se não havia dúvidas razoáveis de que a prisioneira era culpada. Russell proclamou que cumpriu o trabalho dele e que, a partir de então, seria a vez dos jurados fazer a parte deles.

Russell executou, como era esperado, um trabalho de primeira linha ao apresentar o caso. Trabalhou os pontos em que a culpa era mais provável e desviou-se das áreas em que as provas eram fracas, por exemplo, ao evitar debater os argumentos sobre os erros médicos ou o pó de arsênico na cama ou no carpete. É evidente que nem mencionou o papel de parede ao apresentar o caso. Mas não fica dúvidas de que deixou todo o terreno preparado para a confirmação da culpa de Mary Ann.

Foster tinha uma montanha diante de si para escalar. Entrou muito tarde no caso e não teve tempo para a preparação adequada, mas inquiriu as testemunhas da acusação da melhor forma que foi capaz. Era a vez dele de tomar a frente e fazer as alegações finais que representavam a última chance de Mary Ann Cotton sair de lá com vida. Ele era bom e faria o melhor possível ao se levantar e se dirigir ao júri.

Ele argumentou que, se revisassem todo o conjunto de provas, não encontrariam nada que mostrasse que a prisioneira administrou o veneno, mas, por outro lado, todo o resto dava provas suficientes de que ela não estava no melhor estado emocional e mental e que deveriam lhe conceder o benefício da dúvida. Ele falou para os jurados sobre os dois dias longos em que ouviram Russell "se esforçando" para montar um argumento. Reconhecia que estavam cansados e pediu que refletissem sobre o que Russell apresentou. Foster também soube usar as palavras para invocar a imagem de uma série de falhas da acusação: "Tiro o chapéu para o meu colega pelas provas a que recorreu, como um coxo que se apega à bengala sem a qual não consegue andar. Ele usou os recursos que tinha e seguiu passo a passo, mas o fez de forma laboriosa".

Ele reconhecia que o júri deveria estar cansado e, assim, o incentivou a invocar uma atenção cuidadosa e livre de qualquer viés ou preconceito. Disse que os jurados deveriam levar em consideração apenas as provas exibidas pelo governo e pela prisioneira e ignorar os jornais e os rumores. Referiu-se às provas das outras mortes que foram admitidas e, apesar de não discutir a decisão do juiz ao acolhê-las, apontou-as como algo que aumentou muito a responsabilidade dos jurados. Precisavam questionar a forma como essas suspeitas foram apresentadas e o motivo. Colocou em dúvida a relevância dos fatos históricos nesse caso. Contestou e questionou se isso seria justo e livre de preconceito. Mary Ann não foi julgada pelos outros assassinatos, e, apenas se tivesse sido condenada, esse passado deveria ser aceito como prova. Disse ao júri que a menção aos casamentos anteriores, com Ward e Mowbray, foi usada para insinuar que também teriam morrido por meios ilegais. O juiz interveio e disse que não houve insinuação de nenhum tipo com as provas, e Russell comentou que estava feliz em ouvir o juiz dizer isso. Contudo, se a intenção não era insinuar, então, qual era o motivo de citá-las? A apresentação das mortes dos Cotton e de Nattrass, sem qualquer prova de que essas mortes eram culpa da prisioneira, era injusta, uma vez que ela não teve oportunidade de se defender naqueles casos. O indício de que morreram de envenenamento por arsênico foi trazido para gerar predisposição no júri contra a prisioneira. Foster argumentou que aquilo foi uma muleta para auxiliar a acusação com um caso frágil.

Ele prosseguiu defendendo que o testemunho dos irmãos Taylor mostrou que a prisioneira fez as refeições e cuidou deles e que não viram nenhum sinal de nada estranho na casa. A acusação argumentou que ela "pode" ter obtido o veneno em West Auckland ou em outro lugar, mesmo assim, não havia provas disso. Foster alegou que, uma vez que o caso apareceu nos jornais de todos os cantos do país, por que outros farmacêuticos não apareceram para testemunhar que tinham fornecido veneno para a prisioneira? A acusação não mostrou qualquer prova de que prisioneira estava em posse do veneno nos casos das mortes anteriores.

Foster estava em uma situação difícil porque as provas de que houve outras mortes foram acolhidas. Scattergood foi muito claro ao dizer que foram causadas por envenenamento de arsênico. Foster tentou impedir que essas provas fossem admitidas e, quando falhou, sugeriu que as mortes eram acidentais ou de causas naturais. A única estratégia que lhe restava era mostrar que não havia motivos para Mary Ann desejar a morte dos três.

Ele se voltou para a motivação das mortes anteriores. Russell, arguiu, prometeu mostrar um motivo para a morte de Charles Edward Cotton, mas não demonstrou provas que justificassem as outras mortes. "Se foi necessário trazer um motivo diante deles [os jurados] no que se trata da morte de Charles Edward Cotton, quero saber se não seria igualmente necessário fornecer a motivação para os casos de Nattrass, Frederick Cotton e Robert Robson Cotton."

> **[...] ao mesmo tempo que a morte por envenenamento é um dos crimes mais detestáveis e faz a natureza humana estremecer, é, também, por providência divina, um ato que deixa para trás um rastro muito evidente de culpa.**

Russell protestou nesse ponto, dizendo que não podia indicar os motivos naqueles casos. Isso porque a prova admitida apenas se referia à quantidade de mortes suspeitas na casa de Mary Ann. Uma apresentação mais completa de provas só poderia ser feita em julgamento específico para cada morte. O juiz confirmou que nenhuma motivação havia sido apresentada.

Foster disse que não questionaria se o colega de profissão [Russell] apresentasse os motivos. "... se pudesse, ele faria. Que motivos eram esses?" Foster prosseguiu mostrando que havia, na verdade, benefícios para Mary Ann que se perderam com a morte de Nattrass. Ele era o inquilino e, como os Taylor, pagava por moradia, cada irmão contribuía com 11 xelins por semana. Era um trabalhador e se casaria com a prisioneira. Qual era o motivo para matá-lo? Se voltou, na sequência, para Robert Robson Cotton, o filho de 14 meses. Kilburn testemunhou que a criança estava pulando no colo da prisioneira, sorrindo para ela. Era repulsivo sugerir que ela o envenenaria. A essa altura, Mary Ann começou a chorar quando ele falou do bebê. O advogado argumentou que não havia motivos para se livrar da criança, pelo contrário, havia um desejo de preservar a vida dela. Foi Mary Ann quem buscou ajuda médica para o bebê. Lembrou ao júri que, como enfermeira, ela sabia que médicos teriam meios de descobrir se uma maldade havia sido feita. Desse modo, por que os chamaria? Ela não tinha motivos para matar a criança, e o desespero dela em buscar socorro médico era a atitude de uma mãe inocente e não "fingimento" como a acusação sugeriu. A acusação não produziu a menor prova sequer sobre o motivo das mortes anteriores. Ele enfatizou, mais uma vez, que Nattrass vinha sustentando a prisioneira e que se casaria com ela. As provas que apresentou mostram que a prisioneira era gentil com os irmãos e que continuaram vivendo na casa por mais dois meses depois da morte de Nattrass e não viram nada de errado. Solicitou que o júri levasse em consideração as provas que, de fato, ouviram sobre o caso que estava sendo julgado naquele dia diante deles, o caso da morte de Charles Edward Cotton.

Na sequência, abordou o testemunho de Isabella Smith. Ela trabalhou por 26 anos no hospital e se lembrava de a prisioneira ter trabalhado como enfermeira em um período específico. A acusação quis insinuar que a prisioneira tinha um conhecimento científico de venenos. Mas, Smith disse, não era assim. As enfermeiras só iam à ala de cirurgia para retirar remédios já preparados. Ela falou que não sabia nada sobre os remédios. Se, depois de 26 anos, não sabia nada, como, indagou Foster, a prisioneira aprenderia algo em onze meses? Ele pediu que o júri refletisse sobre a razão dessa prova ter sido apresentada. Argumentou que era para colocar na cabeça dos jurados que a prisioneira possuía algum conhecimento sobre a natureza dos venenos. Se não fosse por isso, qual seria a finalidade do testemunho de Sarah Smith? O juiz interferiu para afirmar que ela descreveu os sintomas. Foster defendeu que o testemunho dela foi convocado apenas para gerar predisposição nos jurados. Referiu-se a Mary Ann Dodds, que também descreveu os sintomas e o garoto sendo posto no sofá. A acusação tentou sugerir que colocar o menino no sofá era cruel, mas Foster rebateu que era, na verdade, um ato de gentileza embalar o garoto e colocá-lo lá para não ser incomodado [pela mãe usando a cama]. Mary Ann não gostara do tratamento de Chalmers e chamou Kilburn. Isso, Foster defendeu, era a atitude de uma mãe inocente e preocupada.

Depois foi a hora de abordar o sabão de arsênico comprado na farmácia de Townsend. Ele defendeu que fora colocado na cabeceira e esfregado nas paredes conforme o testemunho de Mary Dodds. O papel de parede era, também, uma fonte de arsênico no quarto. Ele desenvolveu um longo raciocínio sobre a quantidade da substância no sabão espalhado pela cama e pelas paredes que pode ter sido ingerida pela criança. Mary Dodds disse que sobrou um pouco em um jarro, mas esse jarro nunca foi encontrado pela polícia quando vasculharam a propriedade de Mary Ann. Abordou os comentários dos maus-tratos ao garoto proferidos pelos Davidson e por Priestly. Sugeriu que eram exageros. O valor do seguro, que afirmaram ser o motivo, era ínfimo e não poderia ser motivação suficiente. Pediu ao júri que considerasse, então, o preparo dos remédios feitos por Chalmers e Kilburn. O fato de o bismuto e o arsênico serem tão parecidos, ambos pós brancos, era um problema. Ele sugeriu que até o médico mais experiente poderia confundi-los. Afirmou que o júri tinha que decidir, baseando-se apenas nas provas desse caso, se havia ou não uma dúvida razoável. Alertou aos jurados que, por serem honestos, deveriam entregar um veredito honesto e dizer que a prisioneira não era culpada.

Foster fez o melhor que pôde. Prestou um serviço de alto nível para a prisioneira. O destino dela passou, assim, para as mãos dos jurados. O julgamento entrou em recesso de vinte minutos.

Ao voltar, o juiz Archibald agradeceu à Ordem dos Advogados da Inglaterra pela prontidão em assumir de forma tão repentina o caso de uma prisioneira sem ninguém para defendê-la. Falou sobre a seriedade e a gravidade da acusação contra ela. Aconselhou o júri a deixar de lado tudo o que ouviu fora da audiência e para considerar apenas as provas que viu no julgamento. O júri deveria partir da presunção da inocência até que se provasse o contrário. Deveriam ser provadas a premeditação e a maldade intencional. Archibald prosseguiu dizendo ao júri que há certos crimes em que não há provas diretas dos fatos, como a formação de quadrilha em segredo.

Assim, aconselhou que a lei não leva em conta a motivação, apesar de ela poder fazer parte das provas, mas que a acusação precisava demonstrar essa intenção. Portanto, os jurados precisavam confiar na prova que produziria uma certeza moral do nível da que conduz as ações de qualquer homem razoável nas questões da vida, seja de forma direta ou indireta. Ele os alertou de que a prova direta não era possível nesse caso. Tudo que poderiam fazer era evitar qualquer dúvida razoável. Se chegassem à certeza moral de culpa, deveriam apresentar o veredito de que a prisioneira era culpada.

Ele lhes disse que não poderiam decidir a questão com base nas sugestões dos juristas nem da acusação, nem da defesa, mas, sim, se apoiando nas provas que ouviram. Essas provas, explicou, são, na sua maioria, circunstanciais ou indiretas. Contudo, provas circunstanciais são o resultado de uma tese sustentada por provas diretas de certos fatos inquestionáveis. O juiz continuou a explorar as provas de Scattergood e os argumentos de Foster sobre o arsênico nos corpos. Mesmo que a substância tenha sido encontrada nos restos mortais das vítimas, ainda era preciso saber como chegara até lá. Foi antes ou depois da morte? Tinham de decidir, na sequência, se o veneno chegara lá por meios acidentais ou deliberados. É possível que tenha sido inalado ou ingerido por acidente. Ele fez uma concessão à possibilidade de que o veneno tivesse sido ingerido por meio de um medicamento errado. Também retomou o argumento do advogado de que o veneno poderia ter sido absorvido no banho. Os jurados teriam de decidir isso antes de considerar as outras questões. Quando excluíssem essas possibilidades, deveriam considerar se houve a administração deliberada de veneno e por quem. Tinham de levar em conta meios e oportunidades. Para isso, não poderiam contar com provas diretas da prisioneira administrando o veneno, era necessário considerar quem mais poderia ter feito aquilo.

Precisariam refletir, também, sobre as provas colaterais das outras mortes. A prisioneira não estava sendo julgada por essas mortes, apenas pela de Charles Edward Cotton. As provas foram admitidas apenas para embasar a dúvida sobre a morte de Charles Edward ter sido ou não acidental, as demais circunstâncias deveriam ser deixadas de lado. O juiz ressaltou que a prova diante deles poderia parecer sugerir a inocência da prisioneira, ao procurar socorro médico, por exemplo, ou poderia ser vista como uma tentativa de ocultar a maldade. Foi enfático ao aconselhar aos jurados que, se existisse qualquer sugestão de dúvida razoável de que Mary Ann administrou o veneno, deveriam inocentá-la. Por outro lado, se tivessem a certeza de que a prisioneira e mais ninguém administrou o veneno, então, deveriam considerá-la culpada. Um jurado quis fazer uma pergunta, o que irritou o juiz, sobre a quantidade de bismuto e de arsênico encontrada no estômago. Scattergood foi chamado e disse não se lembrar dos valores. Kilburn também foi convocado e respondeu 0,9 ml, mas também acrescentou que não tinha arsênico em pó no consultório. É surpreendente que isso não tenha sido contestado, uma vez que Chalmers testemunhou o contrário. Foster reclamou disso publicamente no dia seguinte, nos jornais.

O júri se reuniu para deliberar sobre o veredito, e um julgamento sobre bigamia se iniciou. Cerca de uma hora depois, o caso foi interrompido para anunciar que o júri estava pronto para retornar. Ao voltarem, o escrivão perguntou aos jurados: "Vocês decidiram que a prisioneira, Mary Ann Cotton, é culpada ou inocente pelo homicídio doloso de Charles Edward Cotton?".

Mary Ann se agarrou com força no corrimão à frente dela.

O sr. Greener of Darlington, o presidente do júri, respondeu: "Culpada". O escrivão perguntou: "É o veredito de todos?", ao que o sr. Greener afirmou "sim".

O juiz, vestido com a toga preta tradicional, como costume, virou-se para a prisioneira, e o escrivão perguntou para Mary Ann: "Você tem algo a dizer em sua defesa para que a pena de morte não seja aplicada?".

Mary Ann respondeu com voz tão fraca e desesperada, que foi quase inaudível: "Não sou culpada".

Foi destruidor para Mary Ann. A resposta dela foi incompreensível e teve de ser repetida ao juiz. Ela insistiu que não era culpada. O juiz se dirigiu a Mary Ann de forma direta e objetiva, vale repetir na íntegra: "Mary Ann Cotton, a senhora foi condenada, depois de um julgamento paciente e cuidadoso, pelo terrível crime de homicídio. Recebeu o benefício do auxílio de um advogado em sua defesa, e tudo que foi possível declarar a seu favor foi dito, mas o júri foi instruído a ter uma conclusão única, conclusão que já deliberaram de que é culpada. A senhora foi considerada culpada de assassinato, por meio do uso de veneno, do seu enteado, alguém que deveria ter amado e cuidado. Parece que, ao ter cedido à desilusão mais terrível que, às vezes, possui as pessoas que carecem do senso de moral apropriado e de religiosidade, a senhora se entregou àquela ideia de que poderia executar seus atos malignos sem ser notada, que poderia agir em segredo. Mas, ao mesmo tempo que a morte por envenenamento é um dos crimes mais detestáveis e faz a natureza humana estremecer, é, também, por providência divina, um ato que deixa para trás um rastro muito evidente de culpa. Esses alertas, contudo, chegam tarde demais, mas me sinto na obrigação de pronunciá-los para que todos os outros que se sintam tentados a seguir o seu exemplo maligno

Estava claro que não havia esperanças de adiamento, e Mary Ann começou a aceitar que a morte seria inevitável.

fiquem cientes do seu destino infeliz e do seu castigo. Para a senhora, nessas palavras finais que devo lhe proferir, tenho a esperança sincera de lhe instigar a buscar para sua alma o único refúgio que lhe resta, a misericórdia de Deus por meio da expiação em Jesus Cristo. Resta-me apenas proferir a sentença terrível da lei que determina que seja levada daqui para o local da execução para ser enforcada; e seu corpo, depois, será enterrado no terreno da prisão na qual será confinada pela última vez após a condenação. Que o Senhor tenha piedade da sua alma".

Mary Ann ficou de pé durante o discurso do juiz. Os lábios dela se moviam, e ela tremia muito e, quando o juiz terminou, parecia prestes a desmaiar e precisou de apoio do carcereiro e de quem estava próximo. De acordo com as reportagens, a sala do tribunal, lotada e silenciosa durante a sentença do juiz, deu início a "um murmúrio profundo e arrepiante". Mary Ann saiu carregada em estado de torpor pelo choque do veredito e da sentença.

O juiz perguntou a Russell se tinha intenção de dar prosseguimento aos outros três casos, e a resposta foi negativa.

O responsável pela prisão de Durham, Charles Armstrong, enviou ao Secretário de Assuntos Internos o ofício para notificar a decisão do tribunal do júri, informando sobre o veredito e a data da execução, marcada para segunda-feira, 24 de março de 1873. Algo que foi confirmado, em nome da Secretaria de Assuntos Internos, pelo representante dele no condado Richard Bowser.

Estava claro que não havia esperanças de adiamento, e Mary Ann começou a aceitar que a morte seria inevitável.

Não faltaram pedidos para adoção da filha de Mary Ann. Em todos os lugares, havia alguém pronto para dar um lar àquela criança. Em West Auckland, havia um casal sem filhos, a família Edwards, que vivia na Johnson Street, onde Mary Ann morou. Lowrey, um dos antigos inquilinos de Mary Ann, estava escrevendo para ela, e, quando os Edwards souberam, acrescentaram um pedido de adoção da criança em que prometeram ser bons pais para Margaret. Por fim, ficou decidido que os Edwards deveriam ser os pais, e, em 19 de março de 1873, Lowrey e o casal pegaram o trem para Durham para receber o presente precioso. O jornal *Northern Echo* noticiou a entrega do bebê em detalhes. A sra. Edwards descreveu a cena como um evento carregado de emoções. Ela própria quase sucumbiu diante de todos os sentimentos envolvidos e precisou que o marido e Lowrey a auxiliassem. Ela relatou que Mary Ann não fez nenhuma cena ao entregar o bebê e que passaram duas horas na prisão. Durante esse período, Mary Ann afirmou várias vezes que não assassinou o enteado e que era inocente. Em determinado momento, ela fez esta declaração enfática: "Podem colocar uma corda no meu pescoço, não importa: nunca o matei, sou tão inocente quanto essa criança aí [apontando para Margaret]".

A cena era uma verdadeira contradição. Ali estava uma mulher acusada e considerada culpada de assassinato e, ainda assim, embalando com carinho a filha enquanto a luz oscilante da chama dançava à sua volta, cobrindo-os com brilho acalentador. O rosto dela exibia o orgulho comum a qualquer mãe, os olhos lacrimejavam diante da perda iminente do bebê. Mary Ann vestia um xale xadrez bem decente e bem caro para a época e, quando chegou a hora da separação, entregou a criança para a sra. Edwards. Mary Ann retirou o xale dos ombros e, em um ato final de carinho, o rasgou ao meio. Com muita delicadeza, pegou a criança e a enrolou no xale, protegendo-a do frio e da umidade que lhe aguardavam no mundo lá fora. Entregou o bebê de volta para a sra. Edwards, os olhos dela marejaram. A sra. Edwards, também tomada pelas emoções, não podia esperar mais e se virou para partir: "Adeus, sra. Cotton".

Mary Ann olhou para ela e, com intensidade na voz, disse: "Adeus, e cuide da criança. Tenha cuidado quando a levar com você de volta para West Auckland, me prometa que nunca deixará que Riley se aproxime dela e nunca, nunca mesmo, não importa o quanto a situação esteja ruim, nunca deixe que o dr. Kilburn trate dela. Me promete isso?".

Naquele momento e diante da pressão emocional, não havia nada a dizer além de "sim". Os Edwards e Lowrey partiram da prisão de Durham e pegaram o trem de volta a West Auckland.

Somente um coração de pedra não se comoveria com o que ocorreu em Durham. Mary Ann estava sozinha. O bebê, quando estava com ela, era um símbolo da esperança da possibilidade de salvação. A partida dele trouxe Mary Ann de volta à dura realidade da certeza de que a morte pela forca estava chegando. Margaret Edith Quickmanning se foi, e Mary Ann nunca mais veria a filha.

*Sir Thomas Dickson Archibald,
juiz que presidiu o julgamento
contra Mary Ann Cotton.*

MARTIN CONNOLLY
MARY ANN COTTON
LADYKILLERS PROFILE

11
CAPITULUM

DARK ANGEL

A EXECUÇÃO

Depois do julgamento e da condenação, houve um clamor popular surpreendente alegando que Mary Ann fora injustiçada. Diversos apelos foram feitos à Secretaria de Assuntos Internos. Até intervenção da rainha foi solicitada. A revista *The Lancet*, muito respeitada na área médica, argumentou que o dr. Scattergood estava errado sobre a impossibilidade de o arsênico disperso no ar ter sido ingerido. A revista sugeriu que as provas diretas contra Mary Ann eram mínimas. Até mesmo alguns jornais sensacionalistas começaram a levantar dúvidas do caso e da possibilidade de a pena de morte ser comutada para prisão perpétua. A ideia de envenenamento acidental também foi debatida. Figuras religiosas bem como moradores de Barnard Castle, Darlington e Bishop Auckland apresentaram petições pedindo misericórdia. Contudo, todos os esforços foram infrutíferos. A Secretaria de Assuntos Internos negou todas as apelações, e a sentença foi confirmada, Mary Ann seria enforcada.

O primeiro parente a visitar Mary Ann foi Margaret Stott, esposa do irmão de George Stott. A condenada ficou bastante decepcionada com a visita e reclamou dizendo que o padrasto dela deveria ter ido visitá-la. Mary Ann incentivou que fossem feitas petições apoiando a alegação dela de inocência, mas Margaret Stott não ajudou. Em vez disso, a aconselhou a se preparar para a morte. Ela também disse que não havia esperanças de adiamento, e a visita de duas horas terminou com Mary Ann em agonia terrível e estado prolongado de choro. O relato se encerra com esta declaração: "A sra. Stott, que acredita plenamente na culpa de Mary Ann, diz que ela está em estado emocional tão complicado que nunca confessará seus crimes".

Enquanto esperava a morte, Mary Ann recebeu, por fim, a visita do padrasto. A princípio, ele não se preocupou com a enteada. O relato saiu nos jornais:

> No sábado passado, o sr. George Stott, vice-supervisor da mina de Seaham, padrasto da culpada, Mary Ann Cotton, foi até a prisão de Durham para visitá-la pela primeira vez desde que foi presa. O sr. Stott não teve problemas em obter autorização para a visita. Após guardar o relógio e outros pertences na portaria, prosseguiu, acompanhado pelo carcereiro, para o lugar em que a sra. Cotton está confinada, que é o quarto já descrito. Na entrada, havia duas carcereiras de guarda, e a sra. Cotton estava sentada em um banco ao lado da fogueira. A condenada, ao ver o sr. Stott, pulou de imediato, o abraçou e chorou: "Ó pai, pai, sabia que você viria me ver". Teve um acesso de lágrimas e passou muito tempo até que algo fosse dito, quando ela perguntou sobre alguns parentes. Depois, o sr. Stott informou que havia esperado até aquele momento para visitá-la, pois sabia que, se confessasse para alguém, seria para ele: "Agora, Mary Ann, não lhe resta mais muito tempo; se tem algo a confessar, confesse agora". Ela respondeu: "Pai, não vivi uma vida boa, mas sou inocente dos crimes que me acusaram. Sei que a opinião do povo está contra mim, mas vou morrer por um crime pelo qual sou tão inocente quanto a criança que ainda não nasceu. Nunca dei nada para aquele garoto para matá-lo. Estava na araruta que comprei na mercearia em West Auckland quando ele estava doente. Pedi um pouco, e ele esvaziou uma gaveta. Não havia o suficiente para completar o peso, então pegou outra gaveta e juntou algo que

não tinha a mesma cor da araruta, foi o que o envenenou". O sr. Stott questionou: "Por que você não alertou o vendedor?". Ela respondeu que estava confusa. O sr. Stott falou que ela teve um dos melhores advogados da Inglaterra. Por que não mencionou uma questão tão importante? Ela disse que confiou a defesa dela a um advogado, e ele a aconselhou a não dizer nada. Depois, abandonou o caso, e ela não pensou mais nisso diante do tribunal. O sr. Stott conversou com ela sobre a mãe, mas não divulgou o assunto. Não confirmou se ela a envenenou ou não, mas os maus hábitos dela tendem a ter encurtado a vida da mãe. A sra. Cotton disse que cometeu bigamia, mas o que poderia fazer quando aquele malvado do Robinson a colocou para fora? O sr. Stott, depois de um bom tempo lá, se levantou e saiu. Disse que nunca testemunhou nada parecido. Foi doloroso ao extremo. Prometeu que iria, conforme ela pediu, visitar Robinson. Mesmo depois de sair, pôde ouvir o choro dela por um tempo. O sr. Stott diz que ele a criou desde criança e que sabe que não confessaria para ninguém além dele; e, se for culpada, morrerá sem confessar. Afirmou que ela estava bem cuidada e limpa, com um vestido bom e um colar branco no pescoço e que nunca a viu com aparência tão saudável. Outros parentes estavam no portão solicitando permissão para entrar, mas lhes foi negada.

Ao que tudo indica, o repórter obteve essa informação de George Stott. Em vários aspectos, parece que estava em missão para obter a confissão de Mary Ann. Mas, de novo, ela alegou inocência, e o que chama a atenção é que ela faz a alusão a um envenenamento não intencional, referindo-se à araruta. O estado de desespero de Mary Ann foi percebido desde a recepção até a despedida. Se for verdade, e precisamos ter cuidado, pois George Stott pode ter superestimado a importância dele, então parece que ocorreu uma reconciliação. O mistério de o que foi dito sobre a mãe é estranho. Se Mary Ann era inocente de qualquer acusação de assassinar a mãe, por que Stott não deixaria isso claro? As especulações eram abundantes na época, e é estranho o padrasto não defender a inocência da enteada. Ao deixar de defendê-la, deixou uma interrogação sobre Mary Ann que se mantém até hoje. Ou George ficou em silêncio porque a conversa envolveu a condenada abordando o caso com a sra. Paley? Há menção a outros parentes que queriam entrar, mas não se sabe quem.

Antes do dia terrível da execução, apareceu outro visitante. Era o reverendo Stevenson. Ele visitou Mary Ann com frequência em seus últimos dias. Ser humano muito decente e cristão, levou todo o conforto possível para Mary Ann. Ele a estimulou a ler a Bíblia e os livros católicos. Sem dúvida, a conduziu de forma gentil para a reflexão sobre todas as questões que envolviam as acusações e a preparou para o momento em que partiria deste mundo.

Mary Ann incentivou que fossem feitas petições apoiando a alegação dela de inocência, mas Margaret Stott não ajudou. Em vez disso, a aconselhou a se preparar para a morte.

Em seus últimos dias, duas questões pareceram relevantes para Mary Ann: o bebê, que fora entregue aos Edwards, e o fato de que James Robinson, o marido dela, não a visitou. Os jornais falaram sobre longos períodos de choro nos dias que antecederam a execução.

O carrasco seria William Calcraft. Ele nasceu em Little Barrow, em Essex, em 1800. Na época da execução de Mary Ann Cotton, ele já tinha 73 anos e se aproximava do fim da carreira. Apesar de ter tido "esposa" e filhos, não há registros do casamento. Naquela época, era viúvo, e o censo de 1871 o registrou como "serviçal" que vivia na penitenciária do condado em Bedford. A carreira dele no sistema penal se iniciou quando passou a receber 10 xelins por semana para açoitar os jovens encarcerados na prisão de Newgate. Antes da carreira de carrasco, Calcraft trabalhou como sapateiro, vigia, mordomo e mascate em Londres.

Começou na função de executor da cidade de Londres em abril de 1829 e, com o passar do tempo, se tornou o carrasco mais conhecido da Inglaterra. O registro sobre ele no livro *The National Biography* [A biografia nacional] o descreve com "natureza gentil", que gostava muito dos filhos e netos e que amava as pombas e os animais de estimação. Morreu em dezembro de 1879, seis anos depois da execução de Mary Ann. Chegou a Durham no sábado anterior ao enforcamento. Seu assistente foi Robert Evans, do País de Gales.

Robert Evans, que mudou o nome para Robert Anderson (Evans), nasceu em 1816. Era médico de formação, apesar de nunca ter trabalhado na área. Era fazendeiro e proprietário rural e vivia de recursos próprios. Acredita-se que tinha um fascínio mórbido pelo enforcamento e, na verdade, entregava para Calcraft o valor que recebia como assistente para trabalhar. Foi carrasco sozinho de 1873 a 1883. Não era eficiente, e algumas das vítimas não morriam na hora. Foi-lhe negado o cargo de carrasco-chefe quando a função foi instituída. Morreu em 1901, aos 85 anos de idade.

Calcraft tinha a reputação de ser um carrasco ruim, que muitas vezes precisava terminar o trabalho do enforcamento puxando as pernas das vítimas. Em alguns casos, o pobre coitado não morria no ato e permanecia vivo por algum tempo — nos piores casos, até cinquenta minutos.

Na manhã da execução, Mary Ann recebeu seus conselheiros espirituais e dizem que assumiu a possibilidade de ter sido a causadora dos envenenamentos, mas que nunca foram intencionais, teria alegado que a culpa era da araruta e do sabão de arsênico na casa. Ela acordou bem cedo na manhã da execução, às 3h30. Às 5h30, tomou uma xícara de chá, mas não quis comer. Prepararam o cadafalso, e o fosso abaixo foi escavado seguindo as especificações de Calcraft. Uma multidão se reuniu em volta da prisão, e, dentro, os repórteres estavam a postos para assistir ao espetáculo. Calcraft não gostou da presença daqueles homens e deixou isso claro ao pedir que fossem postos para fora.

Longe da vista dos jornalistas, na cela, os religiosos que visitavam Mary Ann a acalmavam. Ela rezou pela carcereira, por James Robinson e por seu bebê. Na privacidade da cela, foi imobilizada pelo carrasco com um cinto em volta do peito, que prendeu com firmeza os braços contra o corpo. Às 7h50, o som do sino da prisão avisou a todos que a execução era iminente. Assim que o relógio começou a soar as 8 horas, a procissão deixou o prédio em que Mary Ann estava. Acompanhada pelos agentes da prisão, os policiais de Bishop Auckland, a carcereira, o capelão da prisão e religiosos da Igreja Metodista Wesleyana, em especial o reverendo Stevenson, a condenada caminhou até o cadafalso. Os clérigos rezavam, e Mary Ann era segurada dos dois lados pelos carcereiros. Andou ereta, e foi observado que seu rosto demonstrava "emoção profunda". Ao que tudo indica, rezava e, enquanto saía do prédio, ouviram-na dizer: "O céu é a minha casa". Estava vestida de preto com a cabeça e o pescoço descobertos. A outra metade do xale xadrez que compartilhara com o bebê cobria seus ombros. Ele encobria os cintos de couro que prendiam os braços. Ela não perdeu o foco das orações, e a fala "Senhor, tenha piedade" foi ouvida. Logo estava no cadafalso, e Calcraft cobriu a cabeça e o rosto dela com um capuz branco. A essa altura, era visível que ela tremia e rezava sem parar. Robert Evans colocou a forca em volta do pescoço de Mary Ann. Calcraft amarrou as pernas dela juntas. Ele se movimentou para os ajustes finais na corda. Foi visto Mary Ann apertar as mãos com força. Exclamou, de novo, "Senhor, tenha piedade da minha alma". Diante do sinal combinado, Robert Evans puxou a alavanca. Mary Ann despencou para o vazio abaixo, com o pescoço pendendo para o lado. O corpo se convulsionava com intensidade, e Calcraft colocou as mãos nos ombros dela. Ao soltar as mãos, o corpo de Mary Ann continuou se debatendo. Reportagens afirmam que demorou três minutos para os movimentos cessarem. Bowser, o vice-xerife, teve um mal-estar, desmaiou e foi amparado por dois carcereiros antes de cair. Após a morte dela, a bandeira preta, como de costume, foi hasteada sobre a prisão indicando aos espectadores do lado de fora que a execução estava concluída.

O corpo de Mary Ann foi posto em um caixão preto. A identificação do corpo foi realizada por Margaret Robinson, de 49 anos, chefe da cozinha da prisão de Durham, e por Mary Hannah Nellis, funcionária dela, de 30 anos, que cuidara de Mary Ann e do bebê. Um inquérito foi realizado no pátio da prisão e confirmou a morte por enforcamento, o que seria atestado na certidão de óbito. Houve um debate sobre a corda não ser posta no caixão com o corpo, e, apesar da discordância de um dos jurados, foi decidido que não havia nenhuma lei que obrigava que a corda estivesse no caixão. Uma participante inesperada do inquérito, acompanhada por uma amiga, foi Margaret Stott, que tinha muita certeza da culpa de Mary Ann. Foi dito que ela soluçou e chorou de forma assustadora e que precisou ser amparada pela amiga. Mary Ann foi enterrada na prisão ao lado de outros dois corpos que tinham sido enforcados em 1869. A vida de Mary Ann Cotton se encerrou e, parafraseando o que Shakespeare escreveu muitos anos atrás: "O bem que ela fez foi enterrado junto de seus ossos; o mal que alegam que cometeu vive para além de sua morte".

William Calcraft, famoso carrasco britânico.

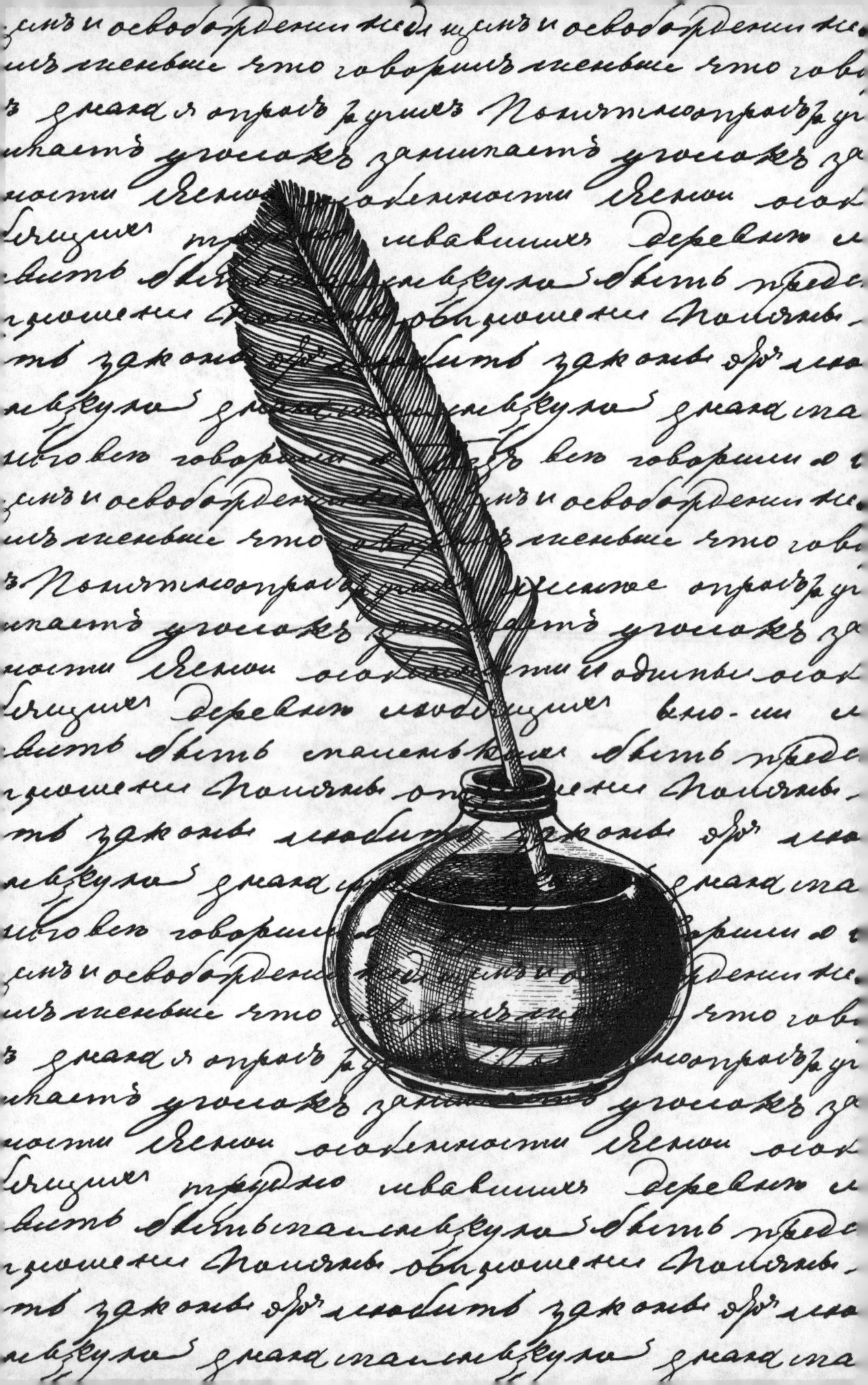

MARTIN CONNOLLY

MARY ANN
COTTON
LADYKILLERSPROFILE

12
CAPITULUM

DARK ANGEL

CARTAS NO CÁRCERE

Em 7 de março de 1873, depois do julgamento, Mary Ann retornou para a prisão de Durham. A execução estava marcada para as 8 horas de 24 de março de 1873. Obviamente, ficara abalada com a sentença e escreveu várias cartas. Em 10 de março de 1873, a carta abaixo foi enviada a George Moore, empresário de Bishop Auckland, que vivia na Tenters Street com a esposa, Elizabeth, e seis filhos.

> Prisão do condado de Durham, 10 de março de 1873
>
> Sir, seria um grande favor para mim se o senhor me visitasse no momento que lhe for mais conveniente. O senhor poderia fazer a gentileza de solicitar ao sr. Labron que o acompanhe. Gostaria de me consultar com o senhor sobre a apresentação de uma petição para

que minha vida seja poupada. O senhor precisa pegar uma autorização do juiz para entrar e deve lhe dizer o que tratará comigo. O sr. Fawcett Smith Bailey, Durham, é um desses juízes, e o sr. J. F. Elliot, Elvet Hill, Durham, é outro. Qualquer um deles lhe dará a autorização.

Respeitosamente
M A COTTON

Na época, os jornais presumiram que a carta havia sido escrita por ela mesma o que, alegaram, provava que era mais instruída do que fingia ser. Contudo, quando comparada a outras cartas, é mais provável que essa tenha sido escrita por um carcereiro ou outro agente da prisão. A gramática, a pontuação e a ortografia são todas superiores às das demais correspondências dela. Essa carta foi escrita na segunda-feira de manhã após a sentença e parece ser a primeira reação planejada que teve. O texto nada diz sobre culpa e dá a entender que quer tratar pessoalmente do assunto. Infelizmente, não a ajudou.

Na carta, Mary Ann expõe amargura em relação a Thomas Riley e reclama como os advogados a deixaram na mão. A insistência de que era inocente é muito enfatizada, o que manteve até a morte.

Ela escreveu, também, para o marido, James Robinson (eles nunca se divorciaram).

Dia 12 de março.

Meus amigos queridos

Su ponho que vocês Sabem mais que posso conta so bre meu destino Terrrivel com que me encontro quero saber se vocês me Deixam ver as 3 criansas o mais breve possive Gostaria de ver vocês Trazerem elas se não podem Pessa para Al Guém pra Trazer me disseram o je que vocês dizem que so tem Uma Carta minha desde que eu deichei eles se não receberam mais Nehuma devem ter sido retida de vocês espero que vocês Recebam essa E axo que se tem Um pingo de bondade Tentarão fazer com que minha Vida seja poupada vocês mesmos sabem que tem sido Um teror ouvir falar das

Mintiras ditas de mim tão tenho que dizer vocês São a Causa de
Todos meus problemas pque se vocês não Deixassem a casa E tudo
mais Quando cheguei na porta da minha casa Estava Vagndo pela
rua Com meu Bebê no Brasso sem casa sem aonde Deitar a cabeça
Sabem que se tentarem lembra do Passado não vendia minhas coisas em uma rua qualquer pra voltar pra vocês tinha uma mãe para
ajudar na época Mas Quando vocês fecharam a prta não tinha niguém além de vocês Não sou culpada das Mintiras faladas Sobre
mim se vocês falerem nada Além da vredade não posso levar minha
cabeça pro passado porque é mais do que natureza pode suportar
Uma coisa espero que vocês Tentem fazer com que minha vida seja
polpada pque não Sou culpada do crime então tenho que morer por
coisas inventada E façam O que Puderem pra mim pra Acabar isso
espero receber resposta de você Pelo carta que foi... M A Cotton

Essa carta já foi citada antes, mas o que podemos acrescentar aqui é que
o pedido de Mary Ann para ver as "3 criansas" ou é uma estratégia cínica
para conseguir uma desculpa para o adiamento, ou é o desejo genuíno de
ver as crianças das quais cuidou. É digno de nota que sua vontade seja ver
as três crianças que sobreviveram da família Robinson, e não apenas seu
filho, George. Mais uma vez, ela insiste em sua inocência e, também, se
refere a correspondências anteriores que enviou para James. É provável
que a alegação de que as cartas foram "retida de vocês" seja uma indireta
para as irmãs de James, com quem ela nunca se deu bem. Ela as culpa por
James não ter recebido as cartas. Apesar de tudo o que aconteceu entre
Mary Ann e James, nesse momento de desespero, apela a seu ex-amante e
marido para ajudá-la.

Há outra carta escrita para Henry Holdforth, que já citamos um trecho antes.

meu amigo querido
Recebi sua Carta muito Gentil e Bemvinda essa manhã que ma-
xucou muito meus sentimentos você dizer que leu meu caso nos
jornais Bem meu amigo querido espero que você não Jugue da forma
erada como fui com o crime terrive de matar Charles Edward Cotton

não sou culpada disso pesar que ler as prova que vieram contra mim você possa pensar que sou mas se tenho que Dizer pra você eu não sou culpada. As Prova Nunca foi mostrada propriadamente pro adevogado ou não deveria ter acontecido isso por eu ter um adevogado de primeira classe pra me defender mas gostaria se tivesse Uma pedição pra poupar minha Vida. Você fala de mãe, tivesse minha mãe não taria qui, porque meu pai não vejo desde a Morte da mãe, isso dá 6 anos no 15º dia desse mês, então ele não se importa tanto agora quanto Quando a gente tinha mãe, mas graça deus ela tá bem no céu, ela Deixo todas razãos pra creditar que Tava felis, meus queridos mados Irmão, pai, Robson e meu marido W Mawbray e meu Querido Criansa tá lá então espero encontrá-los do otro lado... na hora você falou dos meus olhos escuros Fiquei feliz na hora e aqueles Foram dias de Alegria pra todas nossas almas, mas esses Últimos 6 anos da minha Vida foram um sofrimento caseie com um Homem que chamam de James Robinson, ele tinha 3 irmãs nunca Fui Cuidada como deveria Por nenhuma delas. Ele diz que não pode Confiar Nós tivemos alguma Briga por dinheiro e Saí de casa por uns dias, não Queria deixar ele Já que não tinha casa fui para south hetton, fiquei lá Quando voltei não tinha casa pra mim ele vendeu O que não Quis E levou outras coisas e Foi Viver Com a irmã então eu podia ir Aonde Quisesse então caseie com esse Homem Cotton ele morre no Mês Depois a gente foi pra Auckland pra dizer a você Todo o passado, não posso pois é doido pensar sobre Gostaria se você pudesse Escrever pra gorge hall E fazer O que puder pra ser poupada Com minha Vida, não tenho amigos pra Cuidar de mim, ninguém Além de estranho Que me conheceram Uns poucos meses, então espero E confio em deus você Fará Tudo que Pode E fará com que gorge hall faça também não sei o que escrever pra ele então deve Buscar um Chegado mandar minha consideração para Todos que me conhecem esperando que Façam por Bem tenho que dizer não Haverá mais nehuma escola Domenical pra mim agora, mas devo tentar por minha confiança em deus Como você sabe que uma Veiz fiz E não tinha niguém na terra mais feliz do que era na época mas Ele diz que não vai dexa a gente com problema, não vou Partir c todos meus inimigos falando nas minha costa, mesmo contra mim planejaram esse mal, Então nada mais de Uma Mulher sem amigos que posso dizer é esquecida Pelo Mundo, mas espero que não por deus

M A COTTON

Escrevo mais Uma veiz pra mim Deixar meu caso seja conhecido pra todos que Me conhecem eu espero Todos meus amigos no céu

Ela enfatiza que não é culpada pelos crimes: nem pelo que foi condenada nem pelos outros de que fora acusada. Há certo arrependimento por ter se casado com James Robinson, mas, quando ele fechou a porta, ela foi abandonada. É óbvio que George Stott não é considerado alguém para quem ela poderia voltar depois de ter pegado seus pertences e seguido pelo caminho que escolheu. A mulher que redigiu essas cartas poderia perceber a própria insensatez? Ela se lembra dos momentos felizes do casamento com Mowbray e do passado remoto na igreja Metodista ("... e aqueles Foram dias de Alegria para todas nossas almas..."). Há, também, indícios de formação cristã ao se referir à Bíblia e ao conforto na fé. É provável que a filha de Holdforth, Elizabeth (nascida em South Hetton), e o filho dele, William, tivessem sido amigos de Mary Ann na juventude da Igreja Metodista. Naquele momento de desespero, estava recorrendo a qualquer um para ajudá-la. Ela cita, também, George Hall como alguém que poderia ser recrutado para auxiliá-la em uma petição. George Hall nasceu em Haswell, próximo a South Hetton. É provável que tenha sido um interesse romântico de Mary Ann na juventude. Ele trabalhava como carvoeiro na mina de Shotton na época do julgamento. Seria muito estranho se ele não estivesse ciente dos eventos envolvendo Mary Ann. Os jornais de toda a região estavam repletos de detalhes, inclusive do passado dela. Mesmo assim, não fez nenhuma tentativa de entrar em contato com ela. De fato, Mary Ann encerra a carta com a percepção de que as chances mundanas dela eram péssimas e que a única esperança era Deus. Se pudéssemos deixar de lado nosso preconceito, poderíamos nos questionar se essa carta é de uma inocente ou de uma assassina calculista.

James Robinson não respondeu à primeira carta, e, como vimos antes, Mary Ann escreveu de novo. Ela estava desesperada e mais uma vez apelou para James, pedindo que se encontrasse com a tia dela em Monkwearmouth, Sunderland. Ele não fez o que ela pediu e, na verdade, nunca foi vê-la. Ele foi até a prisão para acompanhar o cunhado, que entrou para ver Mary Ann, mas não ajudou em nada e só pediu que Mary Ann confessasse. Ela seguiu afirmando que era inocente, como escreveu nesta carta:

meu amigo querido

Como não Posso dizer Nada Mais pra você meu Último pedido é que encoontre a Tia Hulbard amanhã a Tar de da 3 as 4 na Tar de você Encoontrará ela ao lado do Banquo do lado da ponte MunkWormouth ela Quer ver você pra você Escrever pra tentar conseguir Um perdão pra poupa minha Vida E pra sair e Enfrentar o jugamento pelos outros 3 casos que me acusaram e Que não Sou culpada deles minha Prova apropriada Não foi dada certa pro Adevogado e eu não deveria ter sido condenda a morte Contratei Um homem que Chamam de Smith pensei que Era um advgado da primeira ves Cuando ele veio pegou Por volta de £20 pro meu primeiro cazo ele disse no dia que Fui jugada Em Auckland e não Era pra Falar Nada E que sr. Blackwell e Greenhow Tariam lá pra me defender Quando Entrei na sala dele não Tinha niguém la por mim o Juize I ndicou um dvogado. devo dizer que ele era esperto se ele tivesse feito Minha defesa teria Ganhado o jugamento. então espero que você Encoontre ela com meu Último pededo

Lembranças de M A R ou M A Cotton

Nota-se, ainda, que ela gostaria de ser julgada pelas outras três acusações, tamanha era sua confiança de que, com uma defesa melhor, ia ser inocentada.

Outras duas cartas, escritas por Mary Ann pouco antes de ser executada, foram publicadas nos jornais. Uma delas tinha sido enviada a Lowrey:

Março dia 22 1873

meu amigo querido
Não dei ao Senor Smith Autorização pra pega recibo de penhor com mary Ann Dodds, não sabia que ele tava com eles até que Hurchinson Em Bishop Auckland me falou.

MARY ANN COTTON

Testemunha, Mary Douglass
Professora, Prisão do Condado, Durham

A segunda foi uma resposta às cartas do sr. e da sra. Edwards, que ficaram com a filha dela, e para a do sr. Lowrey.

meus amigos queridos
Recebi suas essa manhã E feliz em saber que meu Bebê tá bem espero que com a ajuda de deus ela Cressa em graça E os recompense por sua bondade para com ela espero que ela Seja Uma Benção para ambos me Desculpe a carta curta Pois me sinto incapais de Escrever mais na esperança de a gente Todos Nos Encoontrarmos no céu Com a mão Direita de deus Onde não Terá mais dor
Afeitouosamante

MARY ANN COTTON
Março dia 22, 1873

Beije meu bebê por mim

Só alguém com coração de pedra é capaz de ler essa carta e não se comover. Trata-se de uma mulher que está à beira da morte e é sobrepujada por emoções a ponto de não poder mais escrever. As últimas palavras escritas dela, até onde sabemos, foi mandar um beijo para a filha.

Em 19 de março de 1873, uma carta de Lowrey apareceu no *The Northern Echo*:

> Sir, sou leitor frequente do seu jornal valoroso. Talvez possa me fazer a gentileza de conceder um espaço pequeno nele, e lhe direi o que meus amigos e eu vimos na prisão hoje. Recebi uma carta da sra. Cotton na semana passada, pedindo-me que tentasse obter uma petição para salvar sua vida. Respondi-lhe que pensava que havia uma chance e disse com minhas palavras simples para ela ir para a cruz de Cristo, pois ele diz "ainda que os vossos pecados sejam como a escarlata, se tornarão brancos como a neve". "O que vem a mim de maneira nenhuma o lançarei fora."
>
> Quando estava escrevendo para ela, o sr. e a sra. Edwards disseram-me para perguntar se ela lhes daria o bebê dela e eles garantiriam que a criança seria criada temente a Deus. Recebi uma carta ontem à noite, chegou de trem e foi entregue pelo chefe da estação de St. Helens. Sou muito grato pela gentileza dele. Ela diz que os dias dela na terra estão se esvaindo. Mostrou-se disposta a entregar para o sr. Edwards o bebê e estava muito agradecida pela gentileza. Então nos levantamos ao alvorecer e chegamos à prisão por volta das 9h30. Tivemos alguma dificuldade para entrar; mas, graças ao sr. Fawcett, nos foi autorizado. Depois de deixarmos os relógios e pertences na recepção, fomos levados para a cela onde a infeliz estava. Achei a cela cinquenta vezes melhor do que esperava. Tudo estava limpo como se fosse novo. Assim que entrei, vi a sra. Cotton sentada em um banco próximo à fogueira, dando o peito para o bebê. Estava vestida com saia, casaco largo, mas sem sapatos e nada na cabeça. Olhando ao redor da cela, vi três cadeiras, uma mesa e alguns livros religiosos. A mesa tinha um papel bonito sobre ela. Havia uma janela nos fundos, e o sol estava reluzindo por ela. Na verdade, parecia ter todo o conforto que essa terra pode oferecer.

Deus me livre, sr. Editor, de ter que ver algo assim de novo. Tente imaginar uma criancinha no joelho da mãe, olhando para o rosto dela e rindo, enquanto ela estava prestes a partir para outro mundo. É provável que o coração dela esteja em paz. Falei com ela um bom tempo sobre o outro mundo. Essas foram as palavras que me disse: "Meu desejo é nunca mais me levantar desse banco. Nunca dei àquele garoto, C.E. Cotton, nenhum veneno". Ela falou "Foi a araruta, e todos nós tomamos. Vou morrer por um crime do qual não sou culpada". Mas, mesmo assim, trouxemos a criança bem para casa. Ela tem pais gentis. Que Deus os abençoe. Só posso dizer que as carcereiras são muito gentis com ela. — Sou, sir, seu servo obediente, W. Lowrey. West Auckland, 19 de março de 1873.

É relatado mais uma vez que ela afirmou de forma contundente sua inocência e se referiu à araruta que acreditava estar contaminada com veneno. Era a araruta que ela comprou na loja de Thomas Riley e que estava entre as substâncias levadas pela polícia para análise. Mas não foi apresentada nenhuma análise da araruta entre as provas. Logo depois, ela seria separada da filha; e as alegações de inocência, ignoradas.

SLEEP AND REST
For Skin=Tortured
BABIES
And Tired
MOTHERS
In One
Application of
Cuticura

A warm bath with CUTICURA SOAP, and a single anointing with CUTICURA, purest of emollient skin cures, mean instant and grateful relief in the most distressing of burning and scaly rashes, irritations, and eczemas, mean comfort and rest for parent as well as child, and are pure, sweet, safe, speedy, and economical.

Sold throughout the world. British depot: F. NEWBERY & SONS, London. POTTER D. & C. CORP., Sole Props., Boston, U.S.A.

MARTIN CONNOLLY
MARY ANN COTTON
LADY KILLERS PROFILE

13
CAPITULUM

DARK ANGEL

APÓS A EXECUÇÃO

O reverendo Montford, que falou com Mary Ann antes da execução, causou certo tumulto quando alegou que a condenada tinha lhe feito uma confissão. Mais tarde, soube-se que ela não dissera nada além de que "poderia" ter sido a agente do envenenamento, mas sem intenção, algo que alegou mencionando a confusão com a araruta e a limpeza com sabão. Após a execução da condenada, começaram a surgir histórias sobre o período em que ficou na prisão. Um desses relatos dizia que a quantidade de sabão desaparecida tinha sido encontrada em uma inspeção escondida em uma das mangas de sua roupa. As pessoas a acusaram de querer usá-lo para matar o bebê. Com certeza, não é verdade, já que Mary Ann era descrita pelos carcereiros como sempre amável e carinhosa com a filha. Contudo, é mais provável que ela tivesse a intenção de usar em si mesma, para adoecer e adiar a execução.

Depois da morte de Mary Ann, dois homens de Hartlepool receberam a permissão de fazer um molde da cabeça dela. Para isso, o cabelo dela teve de ser cortado. Após terminarem, James Young, vice-governador da prisão, garantiu que cada um dos fios de cabelo fosse devolvido ao caixão com o corpo de Mary Ann.

Uma fotografia de Mary Ann (como mostra a página 206) foi, em princípio, posta à venda em Durham. Em 12 de abril, na feira de West Auckland, um conjunto de peças de cera foi exibido e a que chamou mais a atenção dos visitantes foi a efígie de Mary Ann Cotton dentro da cela. A peça estava em exibição no meio do gramado do vilarejo, bem em frente da casa antiga dela. Em junho daquele ano, o museu de cera Madame Tussauds também exibiu um modelo de Mary Ann na Câmara dos Horrores.

Após a execução da condenada, começaram a surgir histórias sobre o período em que ficou na prisão.

Em 12 de abril de 1873, o jornal *Figaro* em Londres resenhou a peça *The Life and Death of Mary Ann Cotton* [A vida e a morte de Mary Ann Cotton], apresentada no West Hartlepool Theatre of Varieties: "Um horror delicioso foi oferecido outro dia para a população mórbida de West Hartlepool". Disseram que a atriz srta. E. Leighton era a imagem encarnada de Mary Ann. O editor do jornal *The Northern Echo* ficou indignado e questionou: "O que os magistrados ou as Autoridades Licenciantes de West Hartlepool têm a dizer?". A peça, disse, era "de mau gosto" e expressou sua surpresa por alguma atriz se dispor a interpretar "a pobre coitada" que pagou por seus crimes.

Uma matéria apareceu no *Nottinghamshire Guardian* em 11 de abril de 1873 explicando o destino da corda do enforcamento de Mary Ann. Ao que tudo indica, Calcraft a guardou para o assistente dele, Robert Evans, cujo passatempo era colecionar as forcas das execuções de que participou. O jornalista alegou que ele mantinha essas relíquias penduradas em sua sala de estar.

Outro evento estranho foi que, em West Auckland, pessoas começaram a dizer que viram aparições das vítimas de Mary Ann.

Vale a pena ler a matéria no *The Northern Echo* para trazer um pouco de humor para esse episódio sombrio:

Thomas Barker, carvoeiro que vive em Newrow, a oitocentos metros da mina de St. Helen, voltava de um carteado um pouco depois da meia-noite. Depois de passar pela mina, ele declarou que viu o que pensou ser uma criança parada na beira da estrada. Ele cumprimentou o garoto, "ei", mas não teve resposta. Sentiu tristeza e se empenhou para seguir em frente, mas o espectro, que foi a conclusão a que chegou mais tarde, se movia tão rápido quanto ele e se mantinha a seu lado. O terror do "Geordy"* aumentou, e ele sentiu os pelos se arrepiando até que, conforme corria, ao ver que o fantasma continuava a seu lado, o cabelo também se arrepiou inteiro. Quando chegou em casa, estava exausto e quase derrubou a porta para entrar antes do espectro e se trancou em casa; mas não adiantou muito, porque a criatura estava na casa com ele e foi direto para o andar de cima. Barker, por sorte, tem esposa, estão casados há dois anos, e ela o acalmou. Apesar de não aceitar dormir no andar de cima, concordou em se deitar na cama dobrável no quarto de baixo. Contudo, poucos minutos depois, ouviram a fonte de seu terror andando pelo quarto e fazendo um barulho similar ao de um gato com tornozeleira de conchas de mariscos e, ao longe, ouviram um silvo, parecido com o voo de pombos, passando pelo telhado, seguido, de imediato, por três trovões. Barker e a esposa saltaram juntos da cama, abandonaram o filho e correram pelados para a casa do vizinho chamado Hodgson, um pouco mais à frente na rua. A família de Hodgson acordou rapidamente e os abrigou. Ao ouvir a "história de terror", Hodgson mandou o filho, a pedido de Barker, buscar a criança que ficou na cama e trancar a porta que, na pressa, deixaram aberta. O garoto foi, mas, ao chegar lá, deu meia-volta afirmando que viu o fantasma descendo as escadas. Por fim, Hodgson e a esposa foram lá e trouxeram a criança, e Baker, que tinha que ir à mina trabalhar, pediu que um colega assumisse o turno dele; desde então, ficou tão apavorado que levou, pelo menos, onze colegas para a casa para passar a noite seguinte com eles.

---

* O termo é o apelido dado a alguém da região de Tyneside, Nordeste da Inglaterra, e é nome do dialeto dos habitantes dessa área, que também é conhecido pelos linguistas como inglês de Tyneside ou de Newcastle. [NT]

Reportagem do Police News sobre os fantasmas de St. Helen's Auckland. Anúncio do Madame Tussauds depois da condenação de Mary Ann, mencionado na página 204. O texto do anúncio diz: "Exposição no Madame Tussauds. Na Câmara dos Horrores, foi incluído um modelo de Mary Ann Cotton, a envenenadora de West Auckland. Ingresso 1 xelim. Câmara dos Horrores, acréscimo de 6d. Aberto das 10h às 22h".

MARTIN CONNOLLY
MARY ANN COTTON
LADYKILLERSPROFILE

CAPITULUM 14

DARK ANGEL

OUTRAS VIDAS

George Stott

Como vimos, em 1871, George Stott vivia em Seaham com a esposa, Hannah, e o enteado, George Paley. George Stott não esteve presente nas horas finais de Mary Ann e não compareceu ao funeral nem ao enterro dela. Ao que tudo indica, segundo as matérias da época do julgamento, ele acreditava que ela era culpada. Como já vimos, a cunhada dele compareceu, e foi uma experiência bem traumática. Em 1891, George e a família se mudaram para a St. Mary Street East, em Tunstall, Sunderland, onde George continuou na mineração. Em 1891, se aposentou e foi viver com a família adotiva em Crossley Terrace, em Gateshead. George Stott morreu em junho de 1895.

Família Potter

Edward e Margaret Potter fizeram a gentileza de oferecer a Mary Ann, quando adolescente, um cargo de confiança para cuidar dos filhos deles. Edward Potter morreu em 9 de setembro de 1869 em Tynemouth, quando Mary Ann vivia com James Robinson. A esposa de Potter, Margaret, herdou o patrimônio dele, estimado em 40 mil libras — valor que, se corrigido com base nos índices históricos de inflação, seria em torno de 3 milhões de libras. Ela dividiu o dinheiro com os filhos. Margaret foi muito cortês sobre Mary Ann na época do julgamento e viveu uma vida confortável, morrendo em 23 de junho de 1876. O patrimônio dela, de 10 mil libras (ou 725 mil libras, em cifras atualizadas), foi deixado para os filhos.

James Robinson

O marido de Mary Ann foi viver na casa da Roseanna Street, 5, em Sunderland, com William e Mary Jane, os dois filhos que teve com Hannah, sua esposa anterior a Mary Ann. Estava com ele, também, o jovem George, seu filho com ela, que foi abandonado com ele quando Mary Ann o deixou. A família teve, também, outra governanta, Frances Pratt, de Deptford. Em 1873, James se casou com Mary Elizabeth Dixon e se mudou para o número 14 da Roseanna Street, onde ainda vivia em 1881. Segundo o censo, havia uma garota, Alice Robinson, registrada como filha. James morreu em 4 de janeiro de 1899, deixando para a esposa cerca de 550 libras (48 mil libras em valores atualizados). A morte dele não passou despercebida, e uma nota curta foi publicada no jornal, que grafou o nome dele errado.

> "O corpo de James Robson, um dos construtores mais antigos de navios de Wear, foi enterrado no sábado no cemitério Bishopwearmouth. O falecido, que era muito respeitado, trabalhou para a Messrs Short Bros. por vários anos e se aposentou com pensão paga pela firma. Vários construtores de navios e outros amigos compareceram. A segunda esposa do falecido foi a notória Mary Ann Cotton, enforcada em Durham há alguns anos."

George Robinson

Quando James Robinson soube que o filho mais novo, George, fora levado por Mary Ann, não havia dúvidas de que temia que o pior tivesse acontecido e que nunca mais o veria de novo. A alegria do retorno dele para o pai, no dia de ano-novo, deve ter sido uma satisfação imensa. O jovem cresceu forte e seguiu a profissão do pai, tornando-se construtor de navios na mesma região. Em junho de 1889, se casou com uma garota de Sunderland, Mary Ann, e se mudou para Mount Pleasant em Bishopwearmouth, Sunderland. O casamento de George e Mary Ann foi bem frutífero, e, em 1911, viviam na Dene Street, 29, em Pallion, Sunderland, com oito filhos, três meninos e cinco meninas. Nessa época, o filho George Henry também seguia os passos do pai como construtor de navios. Uma filha se tornou padeira; e outra, empregada. Para quem teve um começo de vida tão difícil, George Robinson seguiu em frente, e não há dúvidas de que o pai, James, ficaria orgulhoso.

Thomas Riley

O inimigo de Mary Ann, Thomas Riley, era filho de carvoeiro e, no início de sua vida profissional, suportou a severidade dessa indústria. É provável que a resiliência, a tenacidade e a força do caráter dele tenham sido forjadas nas minas na região de West Auckland. Ele trabalhou muito para construir um comércio decente na região e, com o tempo, passou a ser proprietário de terras tanto no vilarejo quanto nos arredores em Witton Park. Ele voltou para a vida normal em West Auckland e se tornou notório, reconhecido o tempo todo como o homem que levou Mary Ann Cotton à justiça. Em 1881, vivia com a esposa, Margaret, e uma filha, Margaret Agnes. Nessa época, ainda gerenciava uma empresa e trabalhava como vendedor de sementes. Em 1891, Thomas Riley mudou-se para a Brookfield Cottage, a casa conhecida por ter sido habitada pelo fiscal que estivera ligado a Mary Ann Cotton. Os novos proprietários fizeram a gentileza de me receber e mostraram a escritura original assinada por Thomas Riley. A compra da casa foi no valor de 280 libras, em 5 de maio de 1879. Ele viveu lá com a esposa, Margaret, com a filha, Margaret Agnes, e com a neta que estava na casa na época do censo. Ao que parece, aos 69 anos, ele desistiu do comércio e passou a cobrar impostos e taxas para a Receita. Sua fama de celebridade não diminuiu, e o poeta local de Bishop Auckland, Bobby Gibbons, dedicou sua coletânea de 1897, *Poems, Visions Past and Present* [Poemas e visões do passado e do presente], a Thomas Riley, por seu trabalho na captura de Mary Ann Cotton. Thomas Riley morreu no ano seguinte, em 23 de julho de 1898. No testamento, deixou uma herança estimada em 1.560 libras (136 mil libras hoje). Um obituário publicado no jornal elenca as várias conquistas dele como cidadão de West Auckland e registra a ligação dele tanto com o Movimento de Temperança quanto com a Igreja Metodista Unida Livre. O maior mérito apontado na matéria foi ter persistido, contrariando muitos que tentaram dissuadi-lo, indo atrás dos médicos e policiais, até obter a justiça que acreditava caber aos Cotton.

"Foi anunciada a morte do sr. Thomas Riley, de West Auckland, aos 76 anos. O falecido tinha dotes notáveis e a tenacidade que lhe garantiram o sucesso merecido. Era filho de carvoeiro e, desde muito cedo, enfrentou a vida dura nas minas até que se libertou. Até poucos anos atrás, o falecido estivera na linha de frente das eleições como Liberal desde os tempos do lorde Harry Vane. O falecido sr. Riley era apoiador de destaque de sir Joseph Pease em todas as lutas políticas de South Durham. O cavalheiro falecido era um apoiador ativo do Movimento de Temperança e era regular frequentador da Igreja Metodista Unida Livre. Tinha propriedades consideráveis em sua terra natal e em Witton Park, South Church etc. O falecido é sempre associado ao caso de Mary Ann Cotton, a envenenadora notória; foi graças à coragem dele que a carreira dessa criminosa chegou a ser investigada. O sr. Riley conhecia Cotton, na verdade, na época talvez conhecesse todo mundo no vilarejo e nos arredores. Esteve nos júris que julgaram as mortes associadas à família Cotton. Ninguém havia suspeitado ou imaginado a causa horrível da série de mortes daqueles que passaram seus últimos momentos na companhia da acusada. O falecido sr. Riley, tomado por suspeitas, abordou os médicos (desde a morte) e a polícia. O sr. Riley foi alertado em vão sobre a seriedade das sugestões ou acusações que estava fazendo, mas persistiu, e o resultado foi a condenação e a execução da prisioneira."

William Byers Kilburn

Na época do julgamento de Mary Ann, o dr. William Byers Kilburn vivia em Front Street com sua esposa, Mary, quatro filhos e uma filha. Nasceu em West Auckland em 1832 e aparece registrado como cirurgião em 1859. Kilburn foi enterrado na igreja da paróquia de St. Helen's Auckland em 30 de outubro de 1886, aos 54 anos. Na ala oeste do salão da igreja, foi criada uma janela dedicada à sua memória.

Ele morreu deixando o patrimônio de 280 libras (25 mil libras hoje) para sua viúva, Mary.

Sargento Tom Hutchinson

O sargento Hutchinson, que teve muito destaque no caso de Mary Ann Cotton, nasceu em 1838 em Washton, próximo a Richmond, North Yorkshire. Ele serviu em Whitby, Jarrow e Whitburn. Mudou-se para Thorne, próximo a Doncaster, e, enquanto esteve lá, construiu uma boa reputação profissional e foi promovido a agente de polícia de primeira classe. Mudou-se para Wolsingham e logo foi promovido a sargento. A mudança para West Auckland lhe garantiu a fama em 1872 como o "captor da terrível envenenadora de West Auckland". No ano seguinte à execução de Mary Ann, foi recompensado por seu trabalho com a promoção para o cargo de inspetor. Mudou-se, depois, para Lancaster, onde ficou muito doente de febre tifoide. Nunca se recuperou por completo da doença e se mudou primeiro para West Hartlepool e, depois, para Stockton. Aposentou-se em julho de 1890, sendo considerado um policial excelente. Mudou-se com esposa, Lucy, e as filhas para Stokesley, que fica a mais ou menos 50 quilômetros de West Auckland, o cenário da prisão mais famosa dele. Morreu em 20 de abril de 1900, deixando uma herança de 582 libras (49 mil libras em números atualizados).

O fiscal

A história do fiscal de West Auckland é intrigante. Todos os artigos e livros o chamam de John Quickmanning e outras variações. Mary Ann chegou até a batizar sua filha de Margaret Edith Quickmanning Cotton. Todos os depoimentos oficiais referem-se a ele como "sr. Mann, o fiscal". Pesquisei todos os registros de nascimento, óbito e casamento, bem como todos os dados do censo da Inglaterra, Escócia e Gales e não encontrei nenhuma prova de que tenha existido um fiscal chamado Quickmanning. Uma busca no censo de 1871 de West Auckland não mostra nenhum Quickmanning, Mann ou qualquer variante no local. A investigação dos arquivos da alfândega no The National Archives e nos registros da Cervejaria de West Auckland da época também não revelou ninguém com esses nomes.

O censo de 1861 traz um Richard Quick Mann, de 17 anos, vivendo em St. Ives, que trabalha como assistente de professor em uma escola fundamental. O censo de 1871 apresenta um Richard Quick Mann, com 27 anos, que era oficial de rendas, instalado em St. Ives, Cornwall. Devem ser a mesma pessoa. Ele é descrito como "oficial volante", isto é, um oficial que se especializou na inspeção de cervejarias. Tenho quase certeza de que Richard Quick Mann é o oficial que estava em West Auckland em 1872 para inspecionar a Cervejaria West Auckland. A questão que fica é se ele era o pai do bebê de Mary Ann. É bem possível que um homem assim tenha chamado a atenção de Mary Ann. Com 29 anos, ele seria dez anos mais novo que ela e, com certeza, um partido melhor em termos financeiros que Joseph Nattrass, com quem estava comprometida. Contudo, a essa altura, Mary Ann tinha dado à luz doze crianças, pelo menos, e seus melhores anos já estavam no passado. Não há prova concreta de que tenha tido qualquer relação com o fiscal. Há apenas rumores de que ela preferiu deixar a fofoca no ar e nunca confirmou nem negou. Mary Ann Dodds, vizinha, faxineira e amiga de Mary Ann, jurou que não acreditava nos boatos. A data do nascimento do bebê, 1873, é compatível com a possibilidade de que o pai fosse Joseph Nattrass. Foi dito que era ele no jornal local, o *Morpeth Herald*. Então, por que Mary Ann deu à criança o nome "Quickmanning"? Mary Ann não era estúpida. Demonstrou astúcia e a habilidade de jogar com a sorte. Dar ao bebê um nome que o ligaria a um pai que tinha recursos para prover um futuro bom era algo inteligente e sensível, em especial naquela época em que era difícil confirmar ou negar a paternidade. Com certeza, um nome que remetesse a um falecido não seria inteligente.

Mary Ann estava desesperada por qualquer ajuda, até mesmo de um namorado da juventude. Se o fiscal tinha sido amante dela, era pai do bebê e oficial do governo, não teria sido aconselhável que ela, pelo menos, tentasse pedir a ajuda dele? Ela escreveu várias cartas para diversas pessoas solicitando auxílio, mas não redigiu nenhuma para o fiscal. O fato de não ter feito isso sugere não ter existido qualquer relação próxima entre os dois. Mary Ann não o menciona em nenhum momento do julgamento ou depois, e seu nome só aparece nos depoimentos das testemunhas. Além disso, se o bebê era do fiscal, ele não teria entrado em contato com Mary Ann quando soube que ela estava grávida e teve uma filha? Eu, portanto, reluto em aceitar que o fiscal Richard Quick Mann, caso tenha, de fato, estado em West Auckland, era o pai do bebê da Mary Ann.

Richard Quick Mann foi visto, depois, em Linton, em 1875, quando, em setembro daquele ano, se casou com Elizabeth Reeve. É provável que tenha trabalhado na East Anglian Brewery, uma cervejaria grande da região. Seis anos depois de se casar, ele já era pai de cinco crianças. Mudou-se depois para Wrexham em North Wales, no País de Gales. Foi lá que morreu em 22 de março de 1912, aos 68 anos. Ele deixou para a esposa, Elizabeth, a herança de 229 libras (ou 23 mil libras, em valores atuais).

Margaret Edith Quickmanning Cotton

William Edwards, carvoeiro, nasceu em Evenwood, a alguns quilômetros de West Auckland. Sua esposa era Sarah Robinson, que nasceu em St. Helen's Auckland. Casaram-se em setembro de 1867 e não tiveram filhos. Em 1881, se mudaram de West Auckland para o vilarejo vizinho de Merrington.

Nessa época, Margaret Edith Quickmanning Cotton foi adotada oficialmente pelos Edwards, que começaram a chamá-la de Margaret Edwards. Em 1891, mudaram-se para a vila de Tudhoe Grange, onde compraram um bar chamado The Garden House. William trabalhava tanto de barman quanto como operário na mina da região.

Margaret não estava com eles em Tudhoe, tinha se casado com Joseph Fletcher, também carvoeiro, em dezembro de 1890. Instalaram-se, em princípio, no vilarejo Merrington.

Contudo, em 1893, a família Fletcher, Joseph, Margaret e a primeira filha deles, Clara, seguiram para Liverpool e lá viajaram no navio *The Umbria*. Em 8 de maio de 1893, chegaram a Ellis Island, Nova York. A família seguiu para Boston, onde Joseph conseguiu emprego na mineração. Margaret engravidou e teve um filho, William. A vida nos Estados Unidos da América não foi o mar de rosas que imaginavam e passaram muitas dificuldades. Margaret engravidou de novo, e, então, aconteceu um desastre. Joseph morreu enquanto tentava cruzar uma ferrovia próxima a seu trabalho. Margaret, com duas crianças e grávida da terceira, ficou arrasada. E só conseguiu pensar em uma saída: voltar para o conforto da família em Durham. Em 23 de outubro de 1894, Margaret, Clara e o bebê William partiram no navio Cephalonia, que os trouxe de volta a Liverpool.

Conseguiram chegar à estalagem The Greyhound Inn, em Ferryhill, onde Sarah Edwards gerenciava o bar depois da morte de William. John Joe nasceu em 1895. Em junho de 1901, muito tempo depois da morte de Joseph, Margaret conheceu Robinson Kell e se apaixonou por esse homem de Ferryhill que trabalhava na mina da região. Em 1902, o primeiro filho deles, Robinson, nasceu. Margaret começou a sofrer com um problema crônico nos olhos e, com o tempo, perdeu a visão. Margaret se afastou muito dos eventos relacionados à Mary Ann Cotton e conseguiu viver uma vida boa. Passou, sim, por tragédias, mas conseguiu superá-las, como comprova sua aventura pela América. O estigma negativo que cercava suas origens fora compensado pelos dois filhos com Fletcher. Quando a guerra se iniciou, William, que nascera na América, se juntou à infantaria ligeira de Durham e foi ferido em combate. Quando se recuperou, se transferiu para o Regimento do Rifle (The Prince Consort's Own)* e foi lutar na França e em Flanders. Ele morreu em combate em 4 de novembro de 1918. O registro militar dele afirma que foi "morto por ferimentos".

---

* O segundo nome dessa brigada era, em tradução literal, "Homens do Príncipe Consorte". A brigada foi nomeada assim depois da morte do coronel de honra do batalhão, o príncipe consorte Albert. [NT]

O irmão dele, John Joe, também se juntou ao Alexandra, Princess of Wales's Own* (Regimento de Yorkshire), 9º Batalhão, e se tornou anspeçada. Serviu na França e foi morto em combate. Esses dois netos de Mary Ann Cotton, que fora condenada por tirar vidas, deram a própria vida pelo país e foram um orgulho para a mãe, Margaret.

Margaret continuou vivendo em Ferryhill e morreu em 19 de agosto de 1954. Pelo que se sabe, era uma mulher maravilhosa que, apesar de um início de vida pouco auspicioso e apesar de provações imensas como a cegueira e a perda do marido ainda jovem e de dois filhos, triunfou sobre tudo. Um final adequado para a história de Mary Ann Cotton.

* O nome desse batalhão era, em tradução literal, "Regimento da Princesa de Gales". [NT]

DEATH OF THE HUSBAND OF
MARY ANN COTTON.

The remains of James Robson, one of the oldest foreman shipwrights on the Wear, were buried on Saturday at Bishopwearmouth Cemetery. Deceased, who was much respected, worked for Messrs Short Bros. for many years, and had retired on a pension allowed by the firm. A large number of shipwrights and other friends followed. The second wife of the deceased was the notorious Mary Ann Cotton, who was hanged at Durham some years ago.

DEATH OF A SOUTH DURHAM
WORTHY.
THE UNRAVELLING OF THE COTTON
MYSTERY.

The death is announced of Mr Thomas Riley, of West Auckland, at the age of 76. The deceased was a man of remarkable gifts, and with a grit that earned for him a well-deserved success. He was the son of a miner, and at a very early age had to suffer the hardships of pitlife, from which he freed himself, and founded a successful business for himself. Until recent years deceased had been in the forefront of elections as a Liberal since the time of Lord Harry Vane. The late Mr Riley was a leading supporter of Sir Joseph Pease in all his political struggles in the old South Durham days. The deceased gentleman was an active supporter of the temperance cause, and was a constant attendant at the United Methodist Free Church. He was a considerable owner of property in his native village, and also in Witton Park, South Church, etc. Deceased was historically associated with the case of Mary Ann Cotton, the notorious poisoner; and it was to his courage that this criminal's career was first brought to public investigation. Mr Riley knew Cotton—as, indeed, at that time, he knew perhaps everybody in the village and neighbourhood. He was on the juries which investigated the causes of the deaths in the Cotton family. No one had suspected or hinted the hideous cause of the series of deaths of those whose last moments had been spent in the daring prisoner's society. The late Mr Riley, full of suspicion, approached the doctors (since dead) and the police. Mr Riley was in vain warned of the seriousness of the suggestions or accusations he was making, but he persisted, and the result was the sentence and execution of the poisoner.

*Obituário de James Robinson (mencionado na página 210),
e de Thomas Riley (mencionado na página 212).*

Janela em memória ao dr. Byers Kilburn
na igreja St. Helen Auckland.

Sargento Tom Hutchinson.

Detalhe da inscrição da janela que o homenageia.

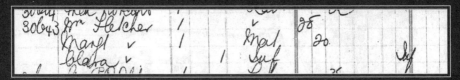

Diário do navio *The Umbria* mostrando os Fletchers rumo a Nova York (página 216).

Túmulos de guerra na França © goforchris' photosteam
http://blethers.blogspot.co.uk.

MARTIN CONNOLLY

MARY ANN
COTTON
LADYKILLERSPROFILE

15
CAPITULUM

DARK ANGEL

ASSASSINA?

Durante as pesquisas sobre Mary Ann Cotton, minha opinião transitou entre considerá-la a assassina em série que habita o imaginário local e a personagem muito incompreendida, incapaz de ter sido culpada de todas aquelas mortes, se é que foi culpada por alguma. É preciso reconhecer que, se Mary Ann fosse julgada hoje com as provas apresentadas no tribunal, sua prisão de custódia inapropriada, testemunhas inconsistentes e defesa antiética nas audiências preliminares, o resultado seria muito diferente. Ninguém testemunhou ter, de fato, visto Mary Ann administrar arsênico a qualquer pessoa. A tese de que era a única que cuidava dos falecidos caiu em contradição com a fala dos irmãos Taylor, que afirmaram que Mary Ann contratara uma mulher para cozinhar. Todas as provas eram circunstanciais. Até o juiz concordou com isso. Os testemunhos dos médicos foram contraditórios entre si na questão do arsênico no consultório, onde um erro pode ter ocorrido. Há, ainda, a divergência de opiniões entre Richardson e Scattergood quanto à morte de Nattrass. Isso significa que ela era inocente? Acredito que essa seja uma questão bem complexa. O que significa ser inocente? Matar uma pessoa é menos maligno do que assassinar vinte?

Determinar a partir de quando e *se* Mary Ann se tornou assassina é um fato cercado por dificuldades. Ela viveu em uma época em que morte por doenças era muito comum.

Eu defendo que ela não matou os Mowbray, com exceção de Isabella, caso que gerou dúvida razoável. É verdade que ela parecia ter um real afeto pelo marido, William, e precisamos nos lembrar de que teve acompanhamento médico e que todos atestaram os óbitos como de causas naturais.

Afinal, Mary Ann era a Bórgia de West Auckland? Minha opinião é que não.

Sobre a mãe, também restam dúvidas. Margaret Stott teve uma doença grave no fígado, e é certo que sua morte foi por conta disso. Como destacado antes, não sabemos qual era estágio da doença ou por quanto tempo Margaret Stott esteve doente. Com base em todos os relatos, Mary Ann parecia gostar de verdade da mãe. A questão que fica é se a morte foi por causas naturais e apenas ocorreu enquanto ela estava lá, ou se alguém acelerou o processo. Ainda sustento que há dúvidas dos motivos de George Stott não ter esclarecido as suspeitas levantadas depois que visitou Mary Ann na prisão. Haveria alguma questão sobre o relacionamento dele com a vizinha?

É muito improvável, mas não impossível, que qualquer uma das crianças da família Robinson tenha morrido pelas mãos de Mary Ann. As acusações foram feitas em retrospecto. Mary Ann Cotton conversou com James Robinson sobre os rumores de que ela matou as crianças, e ele acreditava que estavam errados, tanto que lhe disse para não se preocupar. Ele mudou de opinião na época do julgamento, mas será que não foi a reação de um marido ressentido? Mais uma vez, médicos tinham acompanhado o caso, e sabemos de outra pessoa, a sra. Hindmarch, que testemunhou a morte de Isabella Mowbray e das crianças da família Robinson. O problema surge no contexto de uma época em que, como já foi dito, era comum a febre exterminar uma família inteira. É certo condenar quando há dúvida?

Com George Ward, vemos, de novo, um homem que teve um atendimento médico precário e que estava muito doente. A doença dele foi sujeita à análise de três médicos. É preciso destacar que foi Mary Ann que chamou outro médico para dar a segunda opinião. Se ela o estava envenenando, por que tomaria tal atitude? Sabemos, ainda, que a doença dele era de conhecimento público na cidade. Ela se arriscaria a envená-lo sob tantos olhares? Por mais que especulemos, temos de aceitar o fato de que não há nenhuma prova que confirme que Mary Ann o matou.

Também não há provas concretas de que Mary Ann teve qualquer envolvimento na morte de Margaret Cotton. Temos que evitar olhar para a morte dela sob a perspectiva do julgamento e tentar nos basear nas provas disponíveis. Aqueles que a acusaram em Walbottle, com certeza não eram seus amigos. Não há provas da culpa dela nesse caso. Além disso, o jornal *Police Gazette* de 19 de outubro de 1872 publicou a seguinte matéria:

Mary Ann Cotton foi a Bórgia de West Auckland?

Foi apurado de forma definitiva que Mary Ann Cotton não teve nada a ver com a morte da primeira esposa do marido dela [Fred Cotton] ou com a morte da filha da irmã de Cotton, ocorrida em Walbottle, próximo a Newcastle-on-Tyne. Diz-se que a explicação é bem clara e satisfatória. Essa última, a irmã, morreu em março de 1869, e foi só depois do dia 7 de julho que a mulher que se chamava de Mary Ann Mowbray apareceu no vilarejo...

Em relação a Fred Cotton, Mary Ann, com certeza, não teve participação nas mortes da esposa e das filhas. Em relação a Frederick Senior e os meninos da família Cotton que morreram em West Auckland, temos questões difíceis para enfrentar. Não há provas sobre Frederick porque o corpo nunca foi encontrado. Não há dúvidas de que foi achado arsênico nos corpos dos garotos e no de Joseph Nattrass. A pergunta é: como o veneno chegou lá? Mary Ann admitiu que pode ter administrado o arsênico, mas insistiu que não foi premeditado nem intencional e declarou que suspeitava que a araruta comprada de Thomas Riley estivesse contaminada. Mas o resíduo encontrado na casa, ao que tudo indica, não continha arsênico. Sabemos, também, que Mary Ann usava compostos homeopáticos e que, por ser enfermeira, pode ter administrado esses remédios aos falecidos. Na época, não havia controle de nada disso. Alguns médicos, de fato, usavam arsênico na composição de remédios. Seria por isso seu comentário sobre o envenenamento acidental? O conselho de Smith para que se mantivesse calada a fez não mencionar o fato?

O advogado dela no julgamento levantou a questão de o arsênico estar no ambiente da casa da Front Street por causa do sabão. Scattergood admitiu que o sabão poderia secar e o veneno permanecer. A defesa poderia ter trabalhado mais isso se levasse outro especialista para testemunhar. Foster foi prejudicado por causa do tempo reduzido entre o acesso aos documentos e o início do julgamento. Havia, também, o uso do papel de parede verde impregnado de arsênico. Foi mostrado que nem a defesa, nem Kilburn e Scattergood pareciam ter conhecimento da controvérsia que se espalhava pela Inglaterra por causa desse tipo de papel de parede. A defesa, se tivesse mais tempo, poderia ter levantado as provas necessárias sobre as mortes em Limehouse e as apresentado para a apreciação do tribunal do júri. Me impressiona que Scattergood tenha negado ter conhecimento sobre qualquer morte causada pelo papel de parede. Ele era professor e especialista em envenenamento, ainda assim, esse "especialista" não estava ciente das mortes em Limehouse e as outras que ocorreram vários anos antes. Pesquisas mostram, também, que a questão do papel de parede nem sempre afetava todas as pessoas da casa. Apesar de a questão do papel de parede verde ter sido um escândalo nacional (foi tema, inclusive, de debates parlamentares), o assunto foi deixado de lado no julgamento. Precisamos questionar, para sermos justos, por que as opiniões médicas sobre isso não foram levadas ao julgamento. Até mesmo a revista *The Lancet* questionou esse aspecto do caso. Foi demonstrado, em várias ocasiões, que o arsênico em um corpo pode vir desse tipo de papel de parede. A própria rainha Vitória mandou remover todos os papéis de parede verdes das casas dela por causa das provas alarmantes de que o arsênico presente neles era prejudicial.

Por fim, todas as mortes ocorreram em um período em que doenças de todos os tipos eram endêmicas. Mortes múltiplas em famílias eram comuns. Pode parecer provável que essas mortes foram por envenenamento. Mas também é possível que tenham sido causadas pela presença de arsênico no ambiente e que aqueles enfraquecidos por doenças ficaram mais suscetíveis a seus efeitos. Defendeu-se que Mary Ann era a única que tinha motivos e oportunidades, mas isso ignora que os valores dos seguros eram relativamente pequenos. No caso de Nattrass, por exemplo, Mary Ann teria mais perdas financeiras com a morte dele do que ganhos possíveis.

Olhando para tudo isso a partir de uma perspectiva nova diante das provas, alguém com um distanciamento do caso aceitaria, com certeza, que restavam dúvidas. Quando um caso envolve a morte como punição para o culpado, o júri deve ter certeza absoluta dessa culpa. Caso contrário, devem optar por outro veredito. Foi negada, também, a apelação para Mary Ann, injustiça grotesca porque uma apelação poderia apresentar novas provas relacionadas ao papel de parede.

Afinal, Mary Ann era a Bórgia de West Auckland? Minha opinião é que não. É preciso lembrar que ela só foi condenada por um assassinato. Apesar de Mary Ann ter sido presa pelas mortes de Nattrass, Frederick Junior e Robert Robson, cujos corpos foram exumados, esses casos não chegaram a ser julgados, e, portanto, as provas nunca foram analisadas. No caso de Nattrass, em especial, há uma confusão em relação ao testemunho do dr. Richardson. Para todos os outros, não há nenhum tipo de prova para embasar o caso. Portanto, não acredito que seja responsável por todos os homicídios atribuídos a ela.

Mary Ann era culpada de algum crime? É muito difícil responder. Seria anacrônico avaliar a situação a partir da mentalidade moderna. Naquela época, várias questões eram tratadas de forma radical pela legislação. A informação não era acessível como na nossa era da informática. Então, as pessoas não tinham o conhecimento nem os recursos que temos hoje no sistema legal e policial. Julgá-la, desse modo, é difícil. A história sujou tanto o nome de Mary Ann, que ela nunca teria uma audiência favorável. Suponho que cheguei a um ponto em que deveria usar o veredito "não provado", da legislação escocesa. Em outras palavras, não sei agora e não sei o que teria decidido na época. Apenas tenho uma dúvida razoável e não posso oferecer uma certeza moral. Com base apenas nas provas e na conduta dela no julgamento, defenderia que o veredito *culpado* nunca deveria ter sido dado.

Seja qual for a verdade, há uma certeza: o corpo de Mary Ann Cotton pode ter apodrecido, mas, por causa das alegações de envenenamento, ela jamais será esquecida.

FAMILIARES DE MARY ANN COTTON

PAIS

Michael Robson 1812–1842
Margaret Lonsdale 1813–1867

IRMÃOS

Margaret Robson 1834–1834
Robert Robson 1835–1860

MARIDOS

William Mowbray 1826–1865
Frederick Cotton (casamento bígamo) 1831–1871
George Ward 1833–1866
James Robinson 1833–1899

AMANTES

Joseph Nattrass 1836–1872

FILHOS

com Mowbray
nascido em Cornwall 1853?–?
nascido em Cornwall 1854?–?
nascido em Cornwall 1855?–?
Margaret Jane 1856–1860
Isabella 1858–1867
Margaret Jane 1861–1865
John Robert (William) 1863–1864

com Robinson
William Greenwell (enteado) 1856–?
Elizabeth (enteada) 1859–1867
James (enteado) 1862–1867
Mary Jane (enteada) 1864–?
John (enteado) 1865–1866
Margaret Isabella 1867–1868
George 1869–?

com Cotton
Frederick Junior (enteado) 1862–1872
Charles Edward (enteado) 1865–1872
Robert Robson 1871–1872

com Joseph Nattrass
Margaret Edith Quickmanning (possível filha)
1873–1954

Irmã de Frederick Cotton
Margaret Cotton 1832–1870

APROFUNDANDO AS
INVESTIGAÇÕES

Lady Killers: Assassinas em Série, de Tori Telfer
(Livro publicado pela DarkSide Books, 2019)

Inspirado na coluna homônima da escritora Tori Telfer no site Jezebel.com, *Lady Killers: Assassinas em Série* é um dossiê de histórias sobre assassinas em série e seus crimes ao longo dos últimos séculos, e o material perfeito para você mergulhar fundo em suas mentes. Com um texto informativo e espirituoso, a autora recapitula a vida de catorze mulheres com apetite para destruição, suas atrocidades e o legado de dor deixado por cada uma delas.

Mary Ann Cotton: Her Story and Trial, de Arthur Appleton
(Livro publicado pela editora Michael Joseph, 1973)

O primeiro livro a trazer informações mais completas sobre Mary Ann Cotton em uma fascinante investigação sobre a vida e os crimes de uma das mais venenosas assassinas em série da história. Appleton oferece ao leitor uma visão aprofundada sobre a mente criminosa de Mary Ann e o impacto de seus atos na sociedade da época. Uma leitura arrepiante e envolvente para os amantes de histórias verdadeiras de mistério e crime.

Mary Ann Cotton: Britain's First Female Serial Killer, de David Wilson
(Livro publicado pela Waterside Press, 2012)

Como um dos principais comentaristas do Reino Unido, David Wilson mostra como alguns assassinos em série permanecem nas manchetes enquanto outros se tornam rapidamente invisíveis. Explorando mitos de que todo assassino em série é um "monstro", o autor chama a atenção para os encantos, o fascínio, a capacidade, a habilidade e a ambição de Cotton — traçando paralelos ou contrastando os métodos e estilos de vida de outros assassinos em série desde os tempos vitorianos até os modernos.

Dark Angel
(Minissérie de Brian Percival, 2016)

Com uma atuação dedicada de Joanne Froggatt no papel de Mary Ann Cotton, a trama da minissérie retrata de forma intensa e perturbadora a vida dessa mulher astuta e manipuladora, revelando os crimes brutais que cometeu em busca de riqueza e poder. Com uma ambientação sombria e uma narrativa envolvente, *Dark Angel* é obrigatória para os fãs de histórias sombrias e reais.

KILLER**ÍNDICE**

A

Archibald, Sir Thomas Dickson 142, 143, 155, 161, 165, 177, 183, 237
Atkinson, Elijah 102, 120, 122

C

Chalmers, Archibald dr. 91, 99, 125, 128, 132, 133, 148, 158, 164, 168, 171, 172, 177, 179
Chapman, advogado 110, 124
Cotton, Charles 70, 73
Cotton, Charles Edward 70, 79, 86, 87, 88, 90, 91, 95, 96, 97, 98, 101, 104, 112, 116, 119, 131, 137, 143, 144, 145, 147, 148, 152, 153, 160, 163, 165, 167, 168, 169, 170, 175, 176, 178, 195, 231
Cotton, Frederick Junior 69, 70, 78, 85, 105, 106, 107, 123, 124, 126, 129, 131, 144, 147, 161, 162, 163, 164, 169, 170, 227, 231
Cotton, Frederick Senior 69, 71, 72, 74, 75, 79, 81, 85, 89, 105, 106, 116, 118, 124, 131, 137, 144, 153, 166, 169, 175, 225, 230
Cotton, Margaret 36, 69, 70, 71, 72, 111, 225, 231
Cotton, Margaret Edith Quickmanning (Fletcher, Margaret), (Kell, Margaret) 111, 181, 182, 214, 215, 216, 231

Cotton, Robert Robson 75, 79, 86, 105, 107, 117, 118, 123, 131, 134, 144, 161, 166, 169, 170, 175, 231

D

Detchon, Thomas (farmacêutico) 102, 130, 134, 135, 136, 143
Dixon, dr. 48, 49
Dodds, Mary Ann 88, 91, 92, 95, 99, 109, 111, 146, 148, 149, 156, 157, 177, 199, 214

F

Foster, Thomas Campbell 142, 143, 146, 147, 148, 150, 151, 152, 153, 155, 156, 157, 159, 160, 162, 163, 165, 167, 168, 171, 173, 175, 176, 178, 179, 226

G

Gammage, dr. 39, 49

H

Hall, coronel 102, 117, 122, 124, 134
Hedley, George 102, 110, 120, 121, 122, 141
Hedley, Jane 92, 118, 122,

126, 131, 132, 134, 165
Hefferman, dr. 73, 74
Henderson, superintendente 90, 105, 122, 159
Hick, James W. 19
Hodgson, major 124, 130, 205
Holdforth, sr. 27, 66, 195
Hutchinson, sargento 73, 87, 90, 91, 99, 103, 104, 106, 107, 111, 128, 129, 134, 158, 160, 213

J

Jobson, John dr. 19, 95, 124

K

Kilburn, William Byers dr. 20, 75, 87, 89, 91, 96, 98, 99, 103, 105, 107, 122, 123, 125, 127, 128, 129, 132, 134, 137, 145, 148, 154, 156, 157, 159, 164, 168, 170, 171, 172, 176, 177, 179, 182, 213, 226

L

Lonsdale, Margaret (Robson, Margaret) (Stott, Margaret) 26, 27, 28, 30, 41, 54, 56, 190, 224, 230
Lowrey, sr. 88, 109, 141, 181, 199, 200

M

Maling, dr. 48, 49
Mann, Richard (John
  Quickmanning) 89,
  97, 109, 111, 149, 150,
  152, 163, 214, 215
Mowbray, William 37, 38,
  40, 41, 174, 197, 230
Murray, Charles 110, 141

N

Nattrass, Joseph 47, 61, 65,
  77, 78, 85, 89, 93, 102, 103,
  105, 106, 109, 115, 117, 118,
  119, 121, 123, 127, 131,
  132, 133, 137, 147, 151,
  152, 161, 162, 163, 165, 166,
  169, 170, 174, 175, 176,
  214, 224, 225, 227, 230

O

Owen, William
  (farmacêutico) 130

P

Paley, Hannah 56, 187
Potter, Edward 29, 35, 210

R

Richardson, dr. 102, 116, 118,
  119, 121, 163, 224, 227
Riley, Thomas 86, 87, 88, 89,
  91, 97, 98, 99, 103, 106, 145,
  154, 155, 159, 170, 172, 182,
  194, 201, 211, 225, 237
Robinson, George 211, 231
Robinson, James 53, 56, 57, 58,
  59, 60, 61, 65, 67, 71, 72, 74,
  75, 89, 105, 107, 135, 137,
  144, 147, 187, 188, 189, 194,
  196, 198, 210, 218, 224, 230
Robinson, Margaret 114, 190
Robson, Michael 26, 28, 30, 230
Robson, Phoebe 92, 118,
  120, 126, 133, 162
Robson, Robert 28, 36, 230
Russell, Charles Q.C. 124, 141, 143,
  144, 145, 146, 148, 149, 152, 157,
  158, 159, 160, 164, 165, 168, 169,
  170, 171, 173, 174, 175, 180, 237

S

Scattergood, dr. 91, 92, 99, 104,
  105, 106, 108, 116, 122, 128,
  129, 134, 138, 145, 155, 159,
  160, 162, 164, 167, 168, 170,
  171, 175, 178, 185, 224, 226, 237
Smith, George (escrivão
  do advogado) 109, 110,
  111, 122, 124, 127, 141,
  167, 198, 199, 226
Smith, Isabella 47, 147, 169, 176
Stott, George 30, 35, 42, 55, 56,
  61, 62, 186, 187, 197, 209, 224

T

Tate, Mary 92, 132, 133, 152, 162
Townsend, Jonathan Watson
  92, 96, 139, 150, 177, 237
Trotter, William Dale 91,
  102, 105, 108, 114, 115,
  116, 118, 119, 120, 123,
  124, 126, 131, 143, 153

W

Ward, George 47, 54, 59,
  144, 147, 174, 225, 230

Y

Young, James 102, 131, 153, 204

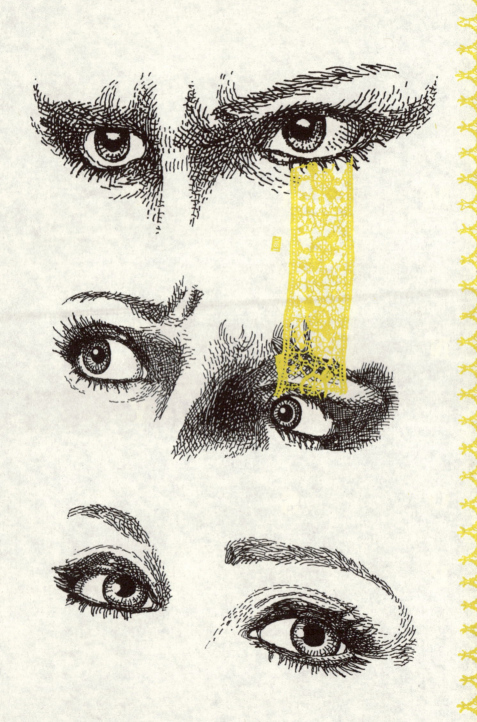

AGRADECIMENTOS

Todas as cópias dos censos, certidões de nascimento e óbito são de propriedade registrada © da Coroa e foram utilizadas mediante a autorização da Image Library, The National Archives, Kew, Londres.

As cópias dos registros da paróquia foram utilizadas mediante autorização. A foto aérea de Johnson Terrace foi dada ao autor e usada mediante autorização. As fotos do Umbria, Cephalonia, William Calcraft e Thomas Dickson Archibald foram usadas com o entendimento de serem de domínio público sem qualquer registro dos proprietários originais.

As reproduções de jornais são de publicações com mais de 120 anos e gostaria de destacar *The Northern Echo*, por ainda estar em circulação, servindo o nordeste da Inglaterra por tantos anos, noticiando todos os grandes eventos desde a época de Mary Ann Cotton.

O mapa de West Auckland em 1857 e a foto da farmácia de Townsend foram cedidos gentilmente pelo sr. John Niven, um arquiteto de West Auckland, e usados mediante autorização.

Agradeço a Denise e Calum Ross pelo auxílio com a história do Brookfield Cottage e pela permissão para usar as imagens do documento de compra da casa por Thomas Riley.

A imagem do dr. Scattergood é cortesia da "University of Leeds Art Collection". A imagem do sr. Charles Russell Q.C. é datada de 5 de maio de 1883. Na legenda original, lê-se "jurista esplêndido". Publicada pela *Vanity Fair* nessa data. Impressa por Vincent, Brook, Day & Sons. O artista faleceu e é desconhecido. Sem copyright e em domínio público.

Whorton, J.C., *The Arsenic Century: How Victorian Britain was poisoned at Home, Work and Play*. Nova York; Oxford University Press, 2010.

Todas as outras fotografias não creditadas no texto foram consideradas sem copyright ou originais e ©copyright do autor.

MARTIN CONNOLLY nasceu em Belfast, Irlanda do Norte, em 1951. Casado e pai de sete filhos, ele pesquisa psicologia, teologia, semitismo e o Holocausto. É autor de vários livros e artigos. Seu livro *Lady Killers Profile: Mary Ann Cotton* é o relato mais completo sobre Mary Ann Cotton, e foi aclamado por conter uma profunda pesquisa dos detalhes jurídicos do caso.

LKP

E cresceu noite e manhã
Até florescer luzente maçã
Ao ver o brilho que ela tinha
O inimigo sabia que era minha

WILLIAM BLAKE

CRIME SCENE
DARKSIDE

DARKSIDEBOOKS.COM